歴博フォーラム

祇園大塚山古墳と5世紀という時代

上野祥史
国立歴史民俗博物館　編

六一書房

はじめに

　古墳時代中期は、大阪平野に巨大な前方後円墳を築造した時代です。それは、東アジア色を濃く反映した時代でもあります。中国の史書に名を残す倭の五王の存在や、馬や須恵器など朝鮮半島からの新たな器物や技術の到来は象徴的です。

　祇園大塚山古墳は、こうした古墳時代中期に築造されました。金銅装の甲冑と大型鏡の中国鏡、朝鮮半島製の耳飾を副葬した、非常に特異な他に例を見ない存在です。しかし、その知名度はさほど高くはありません。19世紀末に発掘された遺物は東京国立博物館や宮内庁の所蔵となり、学術調査が本格化する頃には古墳が姿を消していたことによるのでしょう。

　昨今、古墳時代研究は新たな段階を迎えています。研究の基準となる資料群を改めて検討し、現代的視点で再報告するプロジェクトが進んでいます。資料の再整理は、次々に新しい知見をもたらしています。遺跡の発掘のみが、新たな知見をもたらすわけではありません。国立歴史民俗博物館でも、熊本県マロ塚古墳出土資料や大阪府七観古墳出土資料を対象に共同研究を進めてきました。古墳時代中期の代表的器物である武器・武具を基点として、東アジア世界と倭との関係や倭王権と地域社会との相互関係について、新たな議論を提起したのです。その成果は、『マロ塚古墳出土資料を中心とした古墳時代中期武器武具の研究』（国立歴史民俗博物館研究報告第173集）にまとめています。こうした研究の流れを受けて、日本列島出土資料の中でも異彩を放つ祇園大塚山古墳の副葬品を検討することは重要な課題だと考えます。

　歴博では、古墳時代研究の一つの取り組みとして、他に例を見ない特異な存在である祇園大塚山古墳を取り上げ、検討する場を設けました。これが、2011年11月5日に開催致しました、第79回歴博フォーラム「祇園大塚山古墳と5世紀という時代」です。このフォーラムでは、日本列島あるいは東アジア世界という視座で甲冑・鏡・装身具を評価し、上総地域あるいは関東地方という地域の視座で古墳を評価しました。マクロな視点とミクロな視点

を対照することにより、祇園大塚山古墳から古墳時代中期社会の実像がみえてくるものと思います。同フォーラムの報告として本書を刊行することに致しました。

　全国的な視点で地域の資料を評価しつつ、それを基点に時代や社会を俯瞰する、こうした双方向的な視点の先に5世紀という古墳時代中期社会の実像が浮かび上がるのではないでしょうか。

2013年3月

上　野　祥　史

目　次

はじめに……………………………………………………………上野祥史　i

上総地域の古墳からみた祇園大塚山古墳………………………白井久美子　3

金銅製甲冑出土古墳としての祇園大塚山古墳の意義……………古谷　毅　25

祇園大塚山古墳の金銅装眉庇付冑と古墳時代中期の社会………橋本達也　57

祇園大塚山古墳出土の垂飾付耳飾…………………………………高田寛太　85
　　―5、6世紀における東日本地域と朝鮮半島の交渉―

祇園大塚山古墳の画文帯仏獣鏡……………………………………上野祥史　107
　　―同型鏡群と古墳時代中期―

編者・執筆者紹介

歴博フォーラム
祇園大塚山古墳と5世紀という時代

上総地域の古墳からみた祇園大塚山古墳

白井久美子

はじめに

　祇園大塚山古墳は、特異な動物文彫刻をもつ金銅製眉庇付冑と金銅製小札甲を出土した古墳として知られている。このように豪華な甲冑は、発見から120年を経過した今も大仙古墳（仁徳陵古墳）出土絵図の他に例がなく、この上総の古墳が一地方の首長墓としては格別の地位にあったことを物語っている。

　この頃の房総では、上総地域の東京湾沿岸に墳丘長100mを超える大型前方後円墳が相次いで築かれ、東海道の要衝として一段と地位を高めていた。弥生時代後期以来の大規模な集落を背景にしたこれらの大型前方後円墳の副葬品には、当時の東アジアの先進的な技術と文化をいち早く受容したことが表れている。これらの中にあって、祇園大塚山古墳はどのような性格の首長墓であったのか、古墳時代中期の上総地域を基点に見てみることにしたい。

1. 古墳の概要
(1) 立地と環境

　祇園大塚山古墳は、木更津市の北東部を流れる小櫃川左岸に位置する。久留里線祇園駅の東北、木更津市祇園字沖535番地付近にあり、現在は住宅と果樹園および水田になっている。小櫃川河口域に広がる海岸平野には、かつて多くの大型古墳が存在した。古墳時代には、海岸線の後退に伴って数次にわたる砂堤が形成されており、祇園大塚山古墳は鶴巻塚古墳・小の塚古墳とともに丘陵に近い第1次の砂堤上に築かれた古墳群の1基である。第2次砂堤上には丸山古墳をはじめ、かつては前方後円墳1基・円墳6基からなる古墳群が存在した。さらに海側の砂堤には、高柳銚子塚古墳・金鈴塚古墳をは

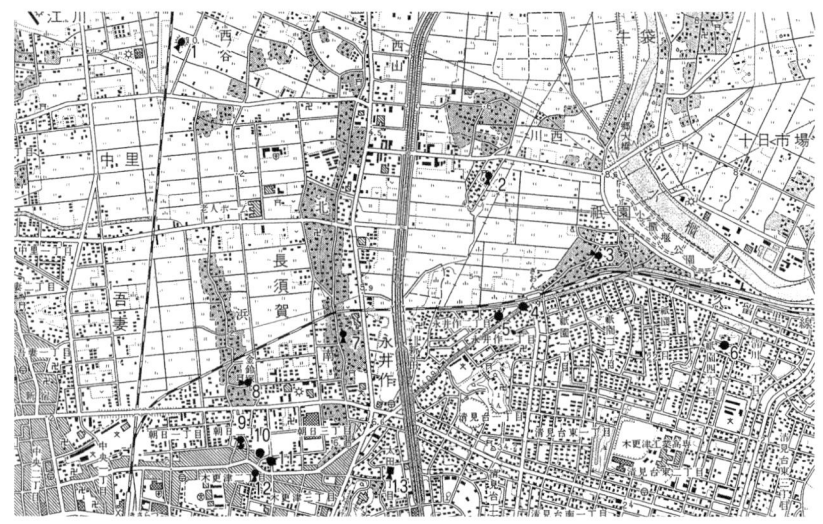

1 高柳銚子塚古墳　2 浅間古墳　3 祇園大塚山古墳　4 鶴巻塚古墳　5 小の塚古墳
6 貞本塚田古墳　7 丸山古墳　8 金鈴塚古墳　9 さかもり塚古墳　10 塚の腰古墳
11 松面古墳　12 稲荷森古墳　13 鳥越古墳

図1　古墳の位置

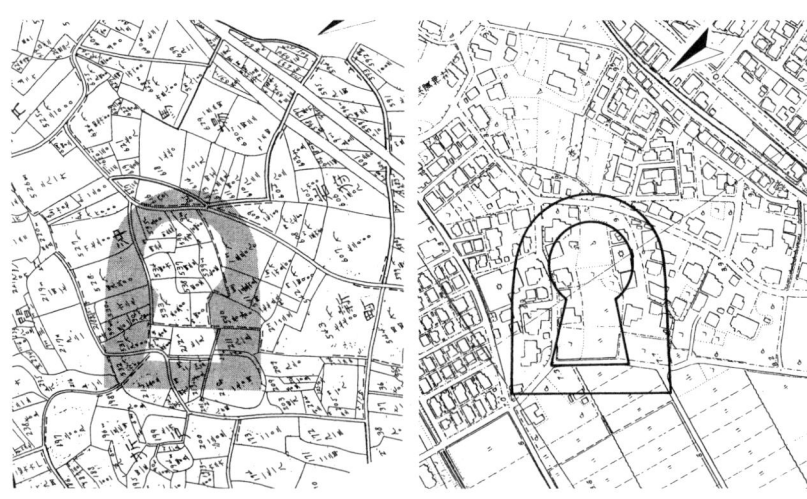

公図に見る祇園大塚山古墳（S=1：6,000）　　　祇園大塚山古墳復元図および周辺現況図
（野口秀昌編「千葉県君津郡清川村地図」1935、　　　　　　　（S=1：6,000）
　　および米軍空中写真 1946 による）

図2　祇園大塚山古墳の墳丘復元図

じめ 6 基の主要古墳が築かれている。これらは 100 m 級の前方後円墳を 3 基ないし 4 基含む大古墳群であり、出土した遺物は質・量ともに房総の古墳時代中期～後期を代表する内容をもつ。当時、この地が富津市の小糸川下流域と並ぶ、東京湾東岸の拠点的地域であったことがうかがえる。近世以降、木更津は「江戸湾」の海運の要衝として房総南部の政治・経済の中心地となり、海岸平野は早くから市街化が進んだ。このため、大型古墳はことごとく墳丘を削平され、大きく姿を変えている。現在では明治初期の地籍図や絵図などに往事の様子を知るのみである。

(2) 遺物発見の経緯と石棺

副葬品は 1891(明治 24) 年に発掘され、当時の土地所有者である堀切角蔵によって帝室博物館に寄贈されている。遺物発見当時、この場所は上総国望陀郡清川村大字祇園字沖の山林であった。当時の記録には「山林より、ひとつの石棺を発見す」とあり、同年宮内省によって作成された「発掘古器物取調書」に付随する「日本考古図譜解説・抜粋」に石棺の絵図がある。解説に厚さ 24 cm ほどの底石があると記されており、6 枚の板石を組み合わせた石棺であることがわかる。小口は短側石が挟み込まれる構造で、長側石底面の小口付近に半円形の抉りがある。また、蓋石の両小口付近にも同様の抉りがあり、縄掛け突起を意識した形態と考えられる。記載によると、蓋石は幅約 91 cm・長さ約 197 cm・重さ約 338 kg、短側石は幅約 85 cm・高さ約 91 cm である。石材は「青色石にして 木目あり」と記され、高柳銚子塚古墳の組み合せ式石棺に用いられている砂岩とは異なるようである。

(3) 墳丘の規模と形態

墳丘は完全に削平されているが、跡地には埴輪が散布し、公図から前方後円墳であることがわかる。以前、野口秀昌編「千葉県君津郡清川村地図」によって墳丘長約 100 m の復元案を示した [白井 1987] が、あらためて 1946 年米軍撮影の空中写真を加味して再検討した。これらによって旧状を復元すると、墳丘長 110～115 m、後円部径 65～70 m、くびれ部幅約 40 m、前方部幅約 65 m の規模をもち、後円部と前方部の長さがほぼ等しい墳形になる。周溝の外郭付近の現在の道路は緩やかな曲線を描いているが、明確にくびれ

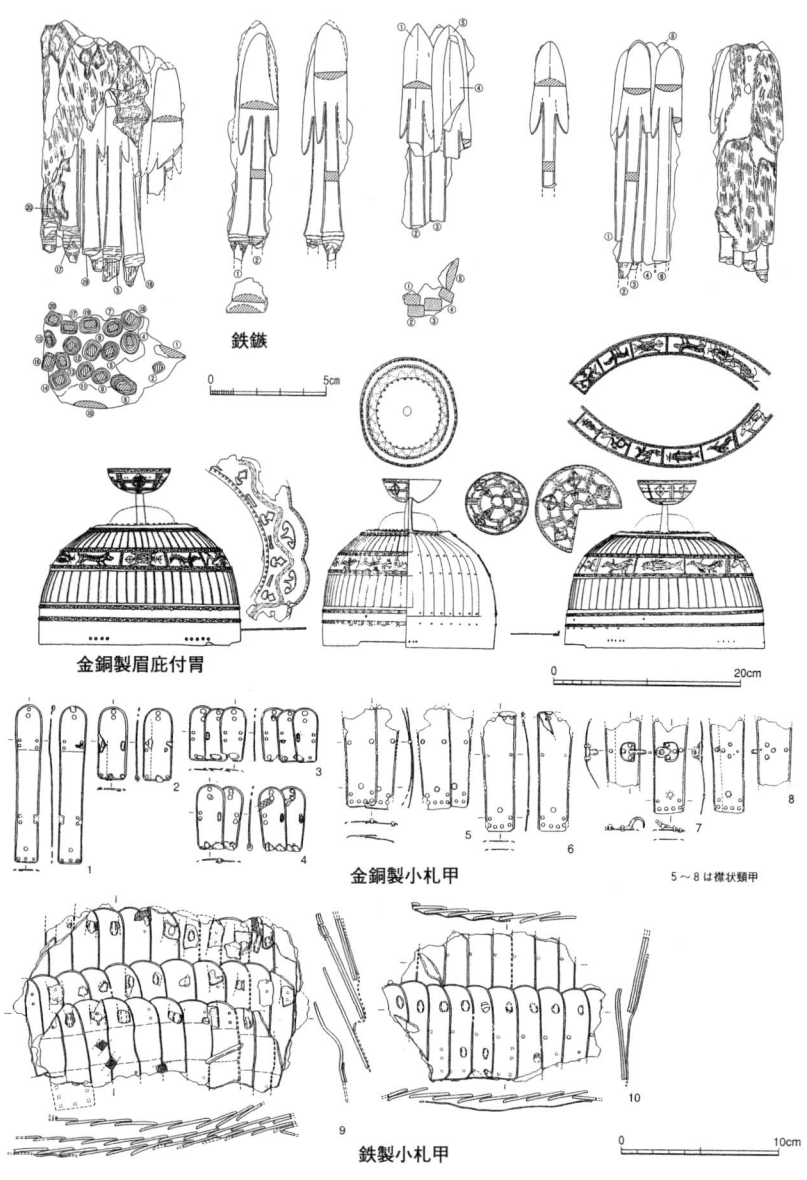

図3 祇園大塚山古墳出土遺物(1)

ていた形跡はなく、南西側に直線的に伸びる区画が残るため周溝は盾形であった可能性が高い。高柳銚子塚古墳・富津市内裏塚古墳・市原市姉崎二子塚古墳など、上総の中期大型前方後円墳の周溝はいずれも盾形周溝である。

(4) 埴輪と須恵器

採集されている円筒埴輪は、外面タテハケ一次調整のものとヨコハケによる二次調整を行ったものがあり、タガの断面は台形で突出度が弱く幅の狭い華奢なつくりである。黒斑をもつものはなく、軟質ながら良く焼きしまり、二次ヨコハケのものは特に堅緻な質感である。高柳銚子塚古墳、内裏塚古墳、姉崎二子塚古墳に次ぐ窖窯焼成の埴輪で、4期(川西編年Ⅳ期)の新段階に位置づけられる。また、現在の土地所有者宅に保管されていた須恵器大型甕があり、1930～31年頃石棺の蓋石を片づけた際に出土したものという。この甕には櫛歯を引っ張る施文技法のような古式須恵器には見られない新要素もあるが、胴部下半は明瞭な分割成形で、底部には叩き目を消す強い仕上げナデがあること、櫛歯の刺突文は口縁部の波状文と対応し、凹線間の施文がゆったりしている点などに古相の特徴がある。このように多様な要素のある類例は少ないが、新旧の特徴をもつ定式化前段階の須恵器として、陶邑ON46型式期に位置づけられよう。

一方、1927年徳川貞頼寄贈として「祇園」と記された高杯・埴輪女子肩部・人物頭部・人物脚部が東京国立博物館に収蔵されている。人物埴輪は本古墳から出土した可能性がある。後頭部が大きく張り出した球形に近い頭部の形態は、中期中頃に見られる特徴のひとつである。耳栓状の耳をもつ分厚いつくりは、内裏塚古墳の盾持ち武人埴輪頭部に類似する。脚部にはいずれも鈴付の足紐(脚結)があり、盛装男子の脚部と見られる。

(5) 副葬品

副葬品には、金銅製眉庇付冑(たがね彫り動物文飾り)・金銅製小札甲のほか、画文帯四仏四獣鏡・銀製長型耳飾(1組)・銀製飾り板・鉄製小札甲・鉄鏃・刀剣類があり、画文帯四仏四獣鏡は宮内庁書陵部に、刀剣を除くそのほかの遺物は東京国立博物館に所蔵されている。銅鏡・長型耳飾・甲冑の詳細については別項があるため、その他の遺物について触れることにする。刀剣類で

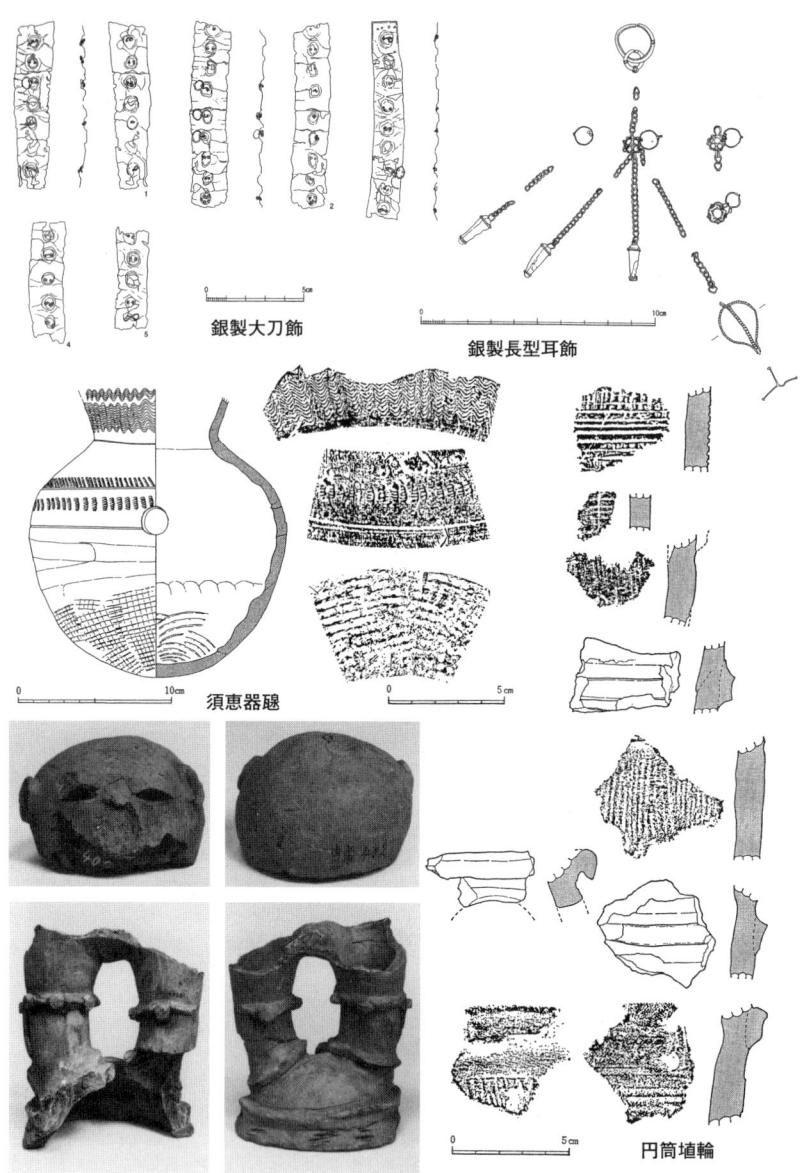

図4 祇園大塚山古墳出土遺物(2)

現在確認できるのは、大刀飾りと推定される銀製飾り板のみである。当時の記録には「刀の鎺に巻いた銀の薄板」とあり、遺存する総長は47.45cm、幅は1.83cmである。銀の薄板に円形打ち出し文を施し、小孔を穿って銀の針金を通して円形歩揺を付けた飾り金具で、鞘を飾ったものと見られる。

鉄鏃は81点あり、刃部を確認できるものは75点である。すべて片丸腸抉長三角形の鏃身をもつ長頸鏃である。鏃身の長さによって2種(5.0cm前後・3.5cm前後)に分かれるが、切先〜棒状部の長さは9.0cm前後でほぼ一定している。棒状部が太く重量感のあるつくりである。棒状部下端はスカート状に幅を増し、茎との間に明瞭な関をもつ。5本〜20本錆着したものが5束あり、表面に毛皮が附着する。片側全面を毛皮に覆われた束、毛皮が片側から側面に及ぶものもあり、毛皮を用いた容器に入れられていたものと思われる。長短の鏃身双方の束に同様の毛皮が附着しており、同じ容器に入っていたものと考えられる。

2. 房総の中期古墳
(1) 中期の諸段階

祇園大塚山古墳は上総の枠にとどまらず、古墳時代中期の関東地方を代表する古墳のひとつである。その前後の動向を中心に、房総の中期古墳に見える諸段階を確認することしたい。

中期の動向にはいくつかの画期が認められる。それには近畿地方中心部の動向が大きく影響しているが、地域独特の変化も見られる。まず、中期初頭の指標には、祭式の変化を反映する供膳用土器群の変容と滑石製祭祀具の出現が挙げられる。その背景に進行する渡来系文物の輸入と新技術の導入の指標として、陶質土器および須恵器生産の諸段階を用いた。本稿では中期の前葉・中葉・後葉をⅥ期に分けて房総の古墳の諸段階を見ていくことにする。

なお、Ⅰ期：陶質土器の搬入期を4世紀後葉、Ⅱ期：大庭寺窯開窯期を4世紀末葉、Ⅲ期：初期須恵器生産が本格化するON231号窯期〜陶邑TK73型式前半期を5世紀初頭〜前葉、Ⅳ期：TK73型式後半〜TK216型式期を5世紀前葉〜中葉、Ⅴ期：TK208型式期を5世紀中葉〜後葉、Ⅵ期：TK23

型式〜TK47型式期を5世紀後葉〜末葉と捉えている。

(2) 中期初頭〜前葉

　新型の鉄製利器，武器と共に滑石製品の副葬が始まり、主要な副葬品となる中期初頭〜前葉の段階をⅠ〜Ⅲ期とした。

　Ⅰ期の代表的な古墳は、印西市鶴塚古墳である。房総の北部にあって、唯一底部穿孔の特殊壺と器台形埴輪を合わせて樹立しており、「香取海」を介して常陸から南下した最も新しい段階の壺と器台を採用している。その特異な埴輪とともに出土した大型の合わせ口壺棺、複数の埋葬施設から出土した副葬品によって中期初頭に位置づけられる。

　鶴塚古墳の出土遺物には、滑石製小玉(臼玉)、新型の鉄鏃、半島系の袋鉾、大型砥石・佩用砥石など中期になって出現する副葬品が多種多様に入っており、中期の幕開けを反映した内容といえる。また、一見すると前期の要素を残すかに見える壺・器台形埴輪も明らかに変容した最新段階の例で、類例は上毛野・常陸の中小規模の古墳に用いられており、大型前方後円墳に採用された畿内系埴輪とは異なる、前期以来の地方形式といえる。墳丘径44ｍという鶴塚古墳の規模は、この時期の房総では最大である。副葬品は、墳丘長106ｍの常陸鏡塚古墳などの同時期の大型前方後円墳と比べると圧倒的に少ないが、この規模の円墳が最新の渡来系文物を入手し得たことにこの時代の特徴が現れており、常総型石枕成立前夜の代表的な古墳が香取海圏に出現していることは、この後の石枕の展開に大きく作用していると思われる。常総型石枕成立前夜における房総最大規模の古墳として、香取海圏に中期の曙光をもたらした鶴塚古墳の存在意義は大きい。

　Ⅱ期の房総を代表する大型古墳は、墳丘長126ｍの前方後円墳・香取市豊浦大塚山古墳で、Ⅰ期に引き続き香取海圏にある。有黒斑の2次タテハケ調整の円筒・朝顔形埴輪を巡らし、墳丘に立てられた筑波片岩の石棺材によって長持形系の組み合わせ石棺を埋葬施設としていたことがわかる。副葬品は明らかではないが、前代に比べると飛躍的に規模を拡大し、香取海圏でこれを上回る規模の古墳が見られないことから、その全域を取り込んだ広域首長墓が出現したことがうかがえる。後続する石岡市舟塚山古墳は墳丘長186

上総地域の古墳からみた祇園大塚山古墳

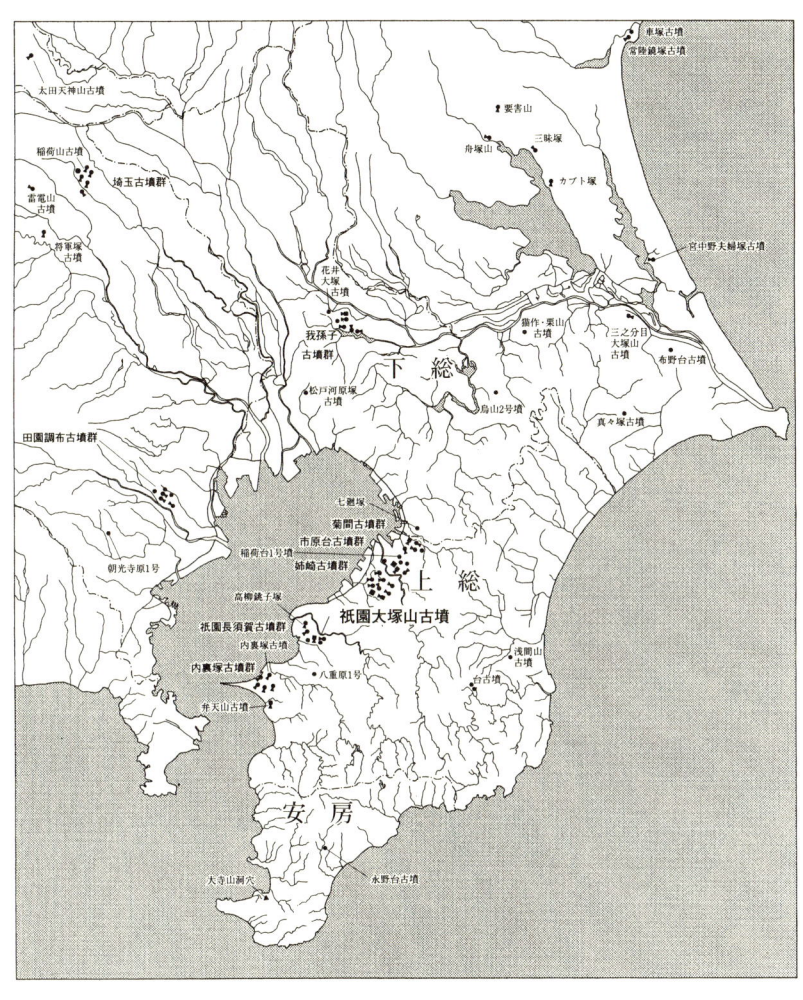

図5 房総と周辺の中期大型古墳分布図

表1　王権中枢域と東国の主要古墳—中期の常総を中心に—

時期	埴輪	須恵器	吉備	百舌鳥 (和泉)	古市 (山城)	佐紀 (櫟本・葛城)
前期 Ⅳ	1-3			和泉・和泉黄金塚(94)	■山城・長法寺南原(62)	櫟本・東大寺山(140) 宝来山(230) 佐紀陵山(207)
中期 Ⅰ	2	陶質 土器 搬入期	金蔵山(165) 神宮寺山(150)	乳の岡(155)	津堂城山 (208)	佐紀石塚山(218) 五社神(270)
Ⅱ Ⅲ	3	TG232 TG231 ON231 TK73	佐古田堂山(150) 造山(360) 作山(286)	上石津ミサンザイ(360) 〈百舌鳥陵山〉(365)	仲ツ山(290) 墓山(225)	市庭(253) 葛城・室宮山(246)
Ⅳ		TK216	両宮山(206)	百舌鳥御廟山(186)	誉田御廟山(425)〈430〉	ウワナベ(270)〈255〉
Ⅴ	4	ON46 TK208	小造山(142) 宿寺山(120)	大仙(486)〈512〉 土師ニサンザイ(290) 〈300〉	市野山(230)	ヒシアゲ(219)
Ⅵ	5	TK23 TK47			岡ミサンザイ(242) 軽里大塚(190)〈200〉	

上総地域の古墳からみた祇園大塚山古墳

東海道東部	東海道西部	東山道	南東北
南武蔵・総・常陸	美濃南部〜相模	科野・甲斐・毛野・北武蔵	陸奥
総・油殿(95) □総・新皇塚(40) 総・杓子塚(85)、南武蔵・亀甲山(107) 常陸・兜塚(99)、南武蔵・加瀬白山(87)	■伊勢・向山(71) 相模・長柄桜山1号(92)	毛野・朝子塚(130) 甲斐・岡銚子塚(92)	玉山(112)〈120〉 亀ヶ森(127)
常陸・鏡塚(106) ○常陸・車塚(91) 常陸・真崎権現山(106) 常陸・水戸愛宕山(148)	伊賀・石山(122) 美濃・昼飯大塚(150) 伊勢・宝塚1号(111) 美濃・粉糠山(100)、遊塚(80)	毛野・高崎浅間山(172) 毛野・別所茶臼山(165) 毛野・大鶴巻(123) 帆:毛野・女体山(106)	
総・豊浦大塚山(126) 常陸・舟塚山(186) 帆:南武蔵・野毛大塚(82)	伊賀・御墓山(195) 美濃・坊の塚(120) 遠江・堂山(113)	毛野・白石稲荷山(165) 毛野・太田天神山(210) 毛野・お富士山(125)	
総・高柳銚子塚(140) 総・内裏塚(148) 総・姉崎二子塚(116)	伊賀・馬塚(142) 美濃・琴塚(115)	毛野・笹塚(100) 毛野・塚山(98) 毛野・上並榎稲荷山(122)	
総・祇園大塚山(110〜115) ○総・稲荷台1号(28) 総・弁天山(90) 常陸・富士見塚(78)	帆:尾張・志段味大塚(52)	毛野・鶴山(102) 毛野・不動山(98) 毛野・岩鼻二子山(115)	帆:名取大塚山(95) 帆:国見八幡(68)
常陸・玉里権現山(90) 常陸・三昧塚(87) 総・禅昌寺山(60)	尾張・大須二子山(138)±	毛野・井手二子山(108) 北武蔵・埼玉稲荷山(120) 毛野・保渡田八幡塚(96) 毛野・摩利支天塚(121) 毛野・琵琶塚(123)	帆:兜塚(75)

無印：前方後円墳、○：円墳、帆：帆立貝形、（）内は規模
■：前方後方墳、□：方墳または前方後方の可能性有
＊埴輪の時期区分については、本稿の時期区分と区別するため算用数字を用いた。

mとさらに規模を大きくして香取海圏に築かれた。同じ頃、上毛野が前期の甲斐・常陸を上回り、東山道の拠点を掌握した地域勢力として発展する。古墳時代を通じて東国最大の前方後円墳は、Ⅱ期上毛野の首長墓(群馬県太田市太田天神山古墳、墳丘長210m)として築かれる。

　大型円墳の築造は、引き続き河川流域の拠点を統括する規模で継続している。代表的な例は市原市草刈遺跡群の大集落を背景に立地する草刈1号墳である。墳丘径38mの規模をもち、大型の曲刃鎌・小型鉄鋌・斧頭形鉄製品(祭器)・鋸・鉄柄刀子・鉄袋鉾・鉄鏃などこの時期に搬入されたと見られる多種多様な鉄製品のほか、メノウ丸玉・滑石棗玉・滑石小型勾玉、捩り環鉄釧・菱形断面銅釧などこの時期に出現する多彩な製品が揃って出土している。同じ台地上の集落内に1号墳と同時期の木棺直葬土坑墓(草刈E区065)があり、木棺内から大刀1・剣1・農工具4(斧頭1・鑿1・鍬先1・鎌1)・針1・滑石製臼玉21、棺外で鉄鏃4がまとまって出土した。長さ38cm・重さ360.6gにおよぶ長大な鑿は、明らかに輸入品であろう。袋状の柄装着部をもつ斧頭はつくりや大きさが1号墳第2主体部の斧頭とほぼ一致し、同工品と見られる。これらの副葬品は1号墳との有機的な関連を示すと考えられ、この土坑墓に葬られた人物が1号墳被葬者に招来された渡来系技術者であった可能性もあろう。集落内に小鍛冶が営まれるのもこの頃である。

　Ⅲ期は、引き続き上毛野が東山道の中核として発展し、中期前葉の東国を代表する勢力となり、西の吉備に対して東の別格として位置づけられる。一方、東海道沿いの南武蔵～常陸には大型前方後円墳が見当たらず、帆立貝形の野毛大塚古墳が墳丘長82mで最大規模である。この地域には王権による規制が働いたといえようか。

　房総では大型円墳が各地に見られ、千葉市七廻塚古墳が墳丘径54mで最大である。副葬品には鉄製武器とともに鉄製農工具が多数含まれるようになり、鉄製の模造品が一定量加わる。この段階の鎌は、実用品・模造品とも直刃で、石製模造品も同様である。石製模造品はさらに普及し、簡略化が始まるが、大型で重量感のあるものが多い。また、立花・石枕の出土例が急増する時期である。七廻塚古墳のように立花だけを複数の埋葬施設で出土した例

もあるが、千葉市上赤塚1号墳・同市東寺山1号墳・成田市猫作栗山16号墳の調査例によって常総型石枕の葬送形式が成立する時期であることがわかる。

一方、太平洋側の栗山川流域にはⅡ期からⅢ期にかけて匝瑳市真々塚古墳（径45m）・同市広之台3号墳（径27.8m）・山武郡横芝光町小川台1号墳（径28m）の3基の大型円墳が築かれている。付近には玉作り遺跡が存在し、Ⅰ期から石製模造品の副葬例があるにもかかわらず、石枕・立花ともこの地域に出土例がない。香取海へ通じる地域であるだけに、その差異が目立っている。

(3) 中期中葉の大型古墳

次のⅣ期には、東京湾沿岸に墳丘長100mを越える大型前方後円墳が次々に現れる。木更津市高柳銚子塚古墳（140m）に続いて富津市内裏塚古墳（148m）、市原市姉崎二子塚古墳（116m）が築造され、房総の大型前方後円墳が最大規模に達する時期ともいえる。対照的に前代に香取海圏最大の首長墓を擁した常総の古墳は規模を縮小し、特に南岸の下総地域にはこの時期の大型古墳を見出すことができない。列島規模の動向を見ると、中期前葉と中葉以降ではやはりその様相に違いが見られる。吉備・日向・常陸・上毛野・美濃・伊賀等の地域では中期前葉に前期を越える大型化のピークがあるが、中葉（Ⅳ期）以降は墳丘長の上限が150m以下という強い規制がかかっているようである。この時王権中枢部では、墳丘長425mの巨大な前方後円墳・大阪府羽曳野市誉田御廟山古墳が築かれ、やがて世界最大級の王陵である堺市大仙古墳（墳丘長486m）の造営を見る。

誉田御廟山古墳の築造を境に王陵に迫るような規模の地方首長墓は見られず、中期中葉以降の王権中枢域は、東国をはじめとする列島各地に圧倒的な存在感を示しているといえる。しかし、百舌鳥・古市・佐紀から交互に輩出される王陵の動向を見ると、王権が特定の一族に限られていたわけではなく、中枢域の複数の勢力が政権を担っていた状況がわかる。各地の豪族の盛衰は、それらの中枢諸勢力との結びつきによるところが大きいと考えられる。Ⅰ〜Ⅲ期では常総に比べ大型古墳が存在しなかった上総に、Ⅳ期になるとこの時期の東国では最大の内裏塚古墳が築かれ、終末期まで首長墓級の古墳群を形

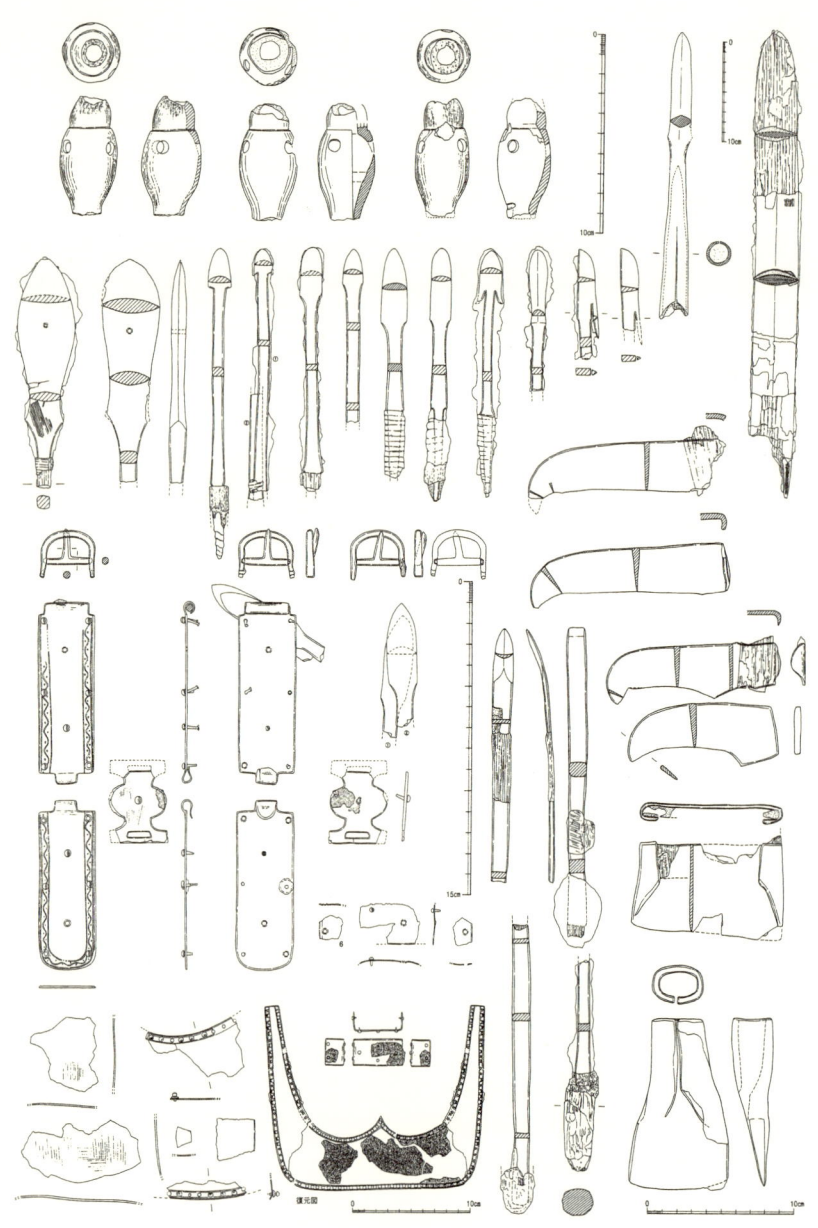

図6 内裏塚古墳出土遺物

成するのもこうした中枢との結びつきを反映したものであろう。

　この時期の副葬品には、新型の鉄製利器・武器に加えて武具が目立つようになるが、その副葬は大型古墳や特異な海食洞穴に限られている。一方では、多種多様な滑石製品が副葬され、常総型石枕が最も発展し、分布域も拡大する。また、房総の古墳に須恵器副葬が確認できるのもこの段階である。富津市内裏塚古墳には洛東江下流域東岸の東萊福泉洞22号墳に出土例のある金銅製胡籙金具をはじめ、半島系の鉄製武器・利器が多種多量に副葬されており、当時進められていた王権による積極的な半島南部との交渉に関わった人物の墓であることが推定される。

　Ⅳ期の大型前方後円墳は、いずれも盾形周溝を巡らし、墳丘には2段ないし3段の段築を作り、畿内型の埴輪を樹立している。墳丘形態や外部施設に王権中枢の影響が色濃い。埴輪は窖窯焼成の4期埴輪で、外面の2次調整にヨコハケが用いられている。埴輪のつくりや2次調整ヨコハケの段階的な変遷を見ると、高柳銚子塚古墳が先行し、内裏塚古墳・二子塚古墳が続く。口縁部やタガの形態に3期埴輪へつながる要素を残し、2次ヨコハケ調整も定型化以前のB種とC種を中心とする高柳銚子塚古墳がⅣ期の初頭に位置づけられる。また、高柳銚子塚古墳の副葬品として伝えられる大型で精巧な石製模造品は、3期埴輪を樹立する野毛大塚古墳の下限資料に最も近い。

　姉崎二子塚古墳の出土遺物には、銅鏡3面・銀製長型耳飾1組・琥珀玉5点・硬玉(翡翠)製勾玉3点・金銅装衝角付冑片12点・鉄鏃55点・石枕1点・滑石製立花6点・鉄製鎌1点がある。冑は衝角・伏板と後部、左右側面の中央に金銅板を被せたいわゆる四方白の鉄地金銅装冑で、半島から移入された最新の武具である。鉄鏃もまたこの時期に入手された新型で、短頸の長三角形鏃・長頸の長三角形鏃大小2種・頸部に深い逆刺(異形腸抉)をもつ三角形鏃・長頸の剣身形鏃から成る。さらに、半島系の副葬品として銀製長型耳飾を挙げることができる。これらが姉崎二子塚古墳の被葬者にもたらされた経緯には、墳丘形態・埴輪に見られる新たな王権の中枢との関わりが強く影響していることは確かであろう。一方、石枕と立花は常総地域との接点を見い出し得る副葬品であり、中期中葉に東京湾岸地域と香取海圏の結びつき

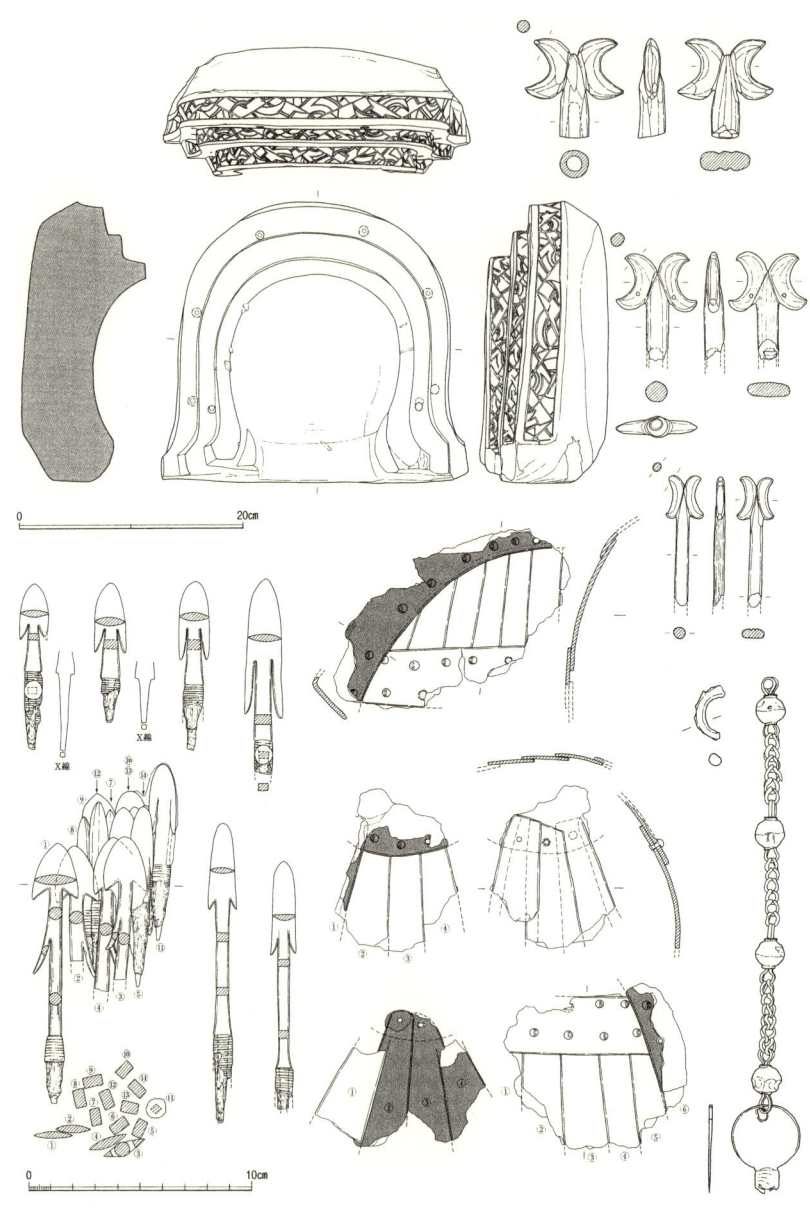

図7　姉崎二子塚古墳出土遺物（耳飾は64%）

(4) 中期後葉の古墳

　中期後葉をⅤ期・Ⅵ期とした。Ⅴ期の幕開けを象徴する木更津市祇園大塚山古墳(110～115m)は、他に例を見ない光り輝く金銅製の眉庇付冑・小札甲・襟甲の甲冑1式と実用的な鉄製の小札甲を所有した別格の存在である。甲冑のほか、画文帯四仏四獣鏡・銀製長型耳飾・銀製飾り板・鉄鏃を副葬品にもつ。これらの副葬品はいずれも半島から搬入されたもので、被葬者が半島との交渉に深く関わっていたことを示している。

　Ⅴ期はまた、武器・武具を副葬する被葬者層が拡大する時期で、古墳副葬品に現われる最も特徴的な内容は、鉄製武器・武具の充実と普及である。特に、鉄鏃は中小規模の古墳にも副葬される必須品目といえよう。さらに、鉄製短甲の副葬例が中規模円墳に拡大し、各地の有力首長配下の構成員が武人として一定の役割を果たすようになったことがうかがえる。その中から、王権に出仕して功績を称えられた者こそ「王賜」銘鉄剣と共に埋葬された市原市稲荷台1号墳の被葬者である。彼は金銅板で飾られた鉄製短甲を身につけ、弓矢を装備していた。一方、同じ墳丘に葬られたもう一人の被葬者は鉄製の金具を取り付けた最新の胡籙(矢筒)を装備している。胡籙は日本の伝統的な矢筒「靫」に対し、朝鮮半島からもたらされた新式の矢筒である。既にⅣ期には、内裏塚古墳をはじめ地方の大型前方後円墳の副葬品に朝鮮半島の出土例と同様の胡籙金具が入っており、Ⅴ期になると短甲と同じように中小規模の円墳に副葬される。

　前段階Ⅳ期の甲冑出土例は、三角板鋲留短甲と三角板横矧板併用短甲の2領を埋納した君津市八重原1号墳(墳丘径37.2m)のほか、短甲と小札甲を出土したと伝えられる姉崎二子塚古墳と三角板革綴短甲を出土した大寺山1号洞穴のみで、短甲所有層が限られていた。姉崎二子塚古墳が鉄地金銅装(四方白)の小札衝角付冑、館山市大寺山1号洞穴は三角板革綴衝角付冑とのセットで副葬されているのも被葬者の性格を表しているといえよう。次いでⅤ期を画する首長墓として登場したのが祇園大塚山古墳である。Ⅴ期に中規模古墳の短甲所有が拡大するのは、こうした歴代の有力首長の存在によるもの

であろう。

3. 上総の煌めき－祇園大塚山古墳の位置づけ－

　上総の東京湾岸は、弥生時代後期から大集落を形成する先進地域で、古墳時代への変革が最も早く波及した地域である。しかし、前期前半になると常総の香取海圏・内陸の東山道沿いに墳丘長 100 m を超える大型古墳が集中し埴輪をもつ前方後円墳が出現しているのに対し、上総を含む東京湾岸には明らかな例がない。前期中葉になるとこの地域にも大型前方後円墳が築かれ、養老川流域に釈迦山古墳(93 m)・今富塚山古墳(110 m)・姉崎天神山古墳(130 m) が存在する。また、小櫃川流域にも浅間神社古墳(105 m)・飯籠塚古墳(109 m)・白山神社古墳(90 m) があり、測量調査によって前方部が低い前期古墳の特徴をもつことが確認されている。前期後葉には、木更津市手古塚古墳のように三角縁神獣鏡・浮彫式獣帯鏡・石製腕飾・鉄製籠手などを副葬した前期ヤマト王権の影響の色濃い調査例があり、対岸の多摩川流域にも宝来山古墳(97 m)・亀甲山古墳(107 m)・加瀬白山古墳(87 m) など、規模・内容とも香取海圏・東山道域と拮抗する古墳が築かれている。ただし、埴輪は波及していない。

　古墳時代中期に入ると、東山道経由でヤマト王権の影響が及んだ常陸・毛野に大型前方後円墳が再び集中し、常総全域を代表するような大型首長墓が香取海圏に現れて東京湾岸との差を広げている。前掲のように、房総に中期の曙光をもたらしたのは香取海圏の大型円墳・鶴塚古墳であった。このような状況が一変し、東京湾岸の大型古墳が他を圧倒するのが中期中葉であり、内裏塚古墳・姉崎二子塚古墳・祇園大塚山古墳が相次いで築かれる。内裏塚古墳は、関東地方最大の規模をもつことになり、ここで初めて香取海圏も取り込んだ広域が一体となったことがうかがえる。姉崎二子塚古墳が香取海圏の中期を象徴する石枕と立花をもつことは、その状況をより具体的に示しているといえるであろう。

　鉄鏃の比較では、有孔の鳥舌形大型鏃や多種多様な新型の長頸鏃をもつ内裏塚古墳が先行し、短頸の長三角形鏃・長頸の大型長三角形鏃・頸部に深い

逆刺のある三角形鏃など房総に類例の見られない新系統の鉄鏃をもつ姉崎二子塚古墳が後続すると考えられる。片丸腸抉長三角形の鏃身で統一された祇園大塚山古墳の鉄鏃は一段階新しく位置づけられるであろう。半島系の武具は、内裏塚古墳の金銅製の胡籙金具と二子塚古墳・祇園大塚山古墳の甲冑の系譜が注目される。前者は洛東江下流域の福泉洞古墳群に明らかな類例があり東莱地域に系譜が求められるが、二子塚古墳に副葬された装飾性の高い金銅装の小札冑と祇園大塚山古墳の金銅製小札甲冑は、半島南部から搬入された新たな威信材として高句麗・新羅も含めた多元的な影響が見られる。銀製長型耳飾の副葬がこの2基に限られることも系統の相違をうかがわせる。これらの銀製長型耳飾は、洛東江西岸から蟾津江下流域の大伽耶地域との密接な繋がりが示されており[高田2012]、祇園大塚山古墳例の花筐形連環球の中間飾りには百済の影響など、より複合的な要素が加わっている。

3基の古墳は、墳丘形態や外部施設に王権中枢の影響を表出しているが、いずれも半島起源の多種多様な副葬品をもち、それぞれ系統の異なる最新の文物を入手しており、各々半島との交渉に参画する機会を得た可能性を示していて興味深い。祇園大塚山古墳の光煌めく金銅製眉庇付冑・小札甲は、わが国最大の王陵である大仙古墳前方部の出土例のほかに類がなく、この時代の上総の首長が新たな渡来系技術を甘受し得た最上位の地方首長に昇ったことを伝えている。

引用・参考文献

大村　直　2006『市原市南岩崎遺跡』　市原市教育委員会

小沢　洋　2008『房総古墳文化の研究』　六一書房

岸本直文　2008「前方後円墳の二系列と王権構造」『ヒストリア』第208号　大阪歴史学会

(財)千葉県史料研究財団編　2002『千葉県古墳時代関係資料』　千葉県

(財)千葉県史料研究財団編　2003『千葉県の歴史』資料編考古2(弥生・古墳時代)　千葉県

白井久美子・木原高弘・黒沢　崇・神野　信　2012『研究紀要』27　(財)千葉県教

育振興財団

白井久美子 1987「祇園大塚山古墳の埴輪と須恵器」『古代』第 83 号　早稲田大学考古学会

白井久美子 2002「倭五王の時代と 2 つの内海」『古墳から見た列島東縁世界の形成』　千葉大学考古学叢書 2

杉山晋作・田中新史 1989『古墳時代研究Ⅲ』─千葉県君津市所在八重原 1 号墳・2 号墳の調査─　古墳時代研究会

高田貫太 2012「金工品から見た 5、6 世紀の日韓交渉」─東日本地域の事例から─『東日本の古墳と渡来文化』　松戸市立博物館

滝口宏監修 1988『「王賜」銘鉄剣概報』市原市教育委員会発行　吉川弘文館

田中新史 1995「古墳時代中期前半の鉄鏃(一)」『古代探叢Ⅳ』　早稲田大学出版部

田中新史 1999「古墳時代中期前半の鉄鏃 (2)」『土筆』第 5 号　土筆舎

萩原恭一 1994「畑沢埴輪生産遺跡」『研究紀要』15　(財)千葉県文化財センター

朴　天秀 2007『加耶と倭─韓半島と日本列島の考古学─』　講談社

坂野和信 2007『古墳時代の土器と社会構造』　雄山閣

右島和夫・若狭徹・内山敏行編 2011『古墳時代の毛野の実像』季刊考古学別冊 17　雄山閣

村井嵓雄 1966「千葉県木更津市大塚山古墳出土遺物の研究」『MUSEUM』第 189 号　東京国立博物館

上総地域の古墳からみた祇園大塚山古墳

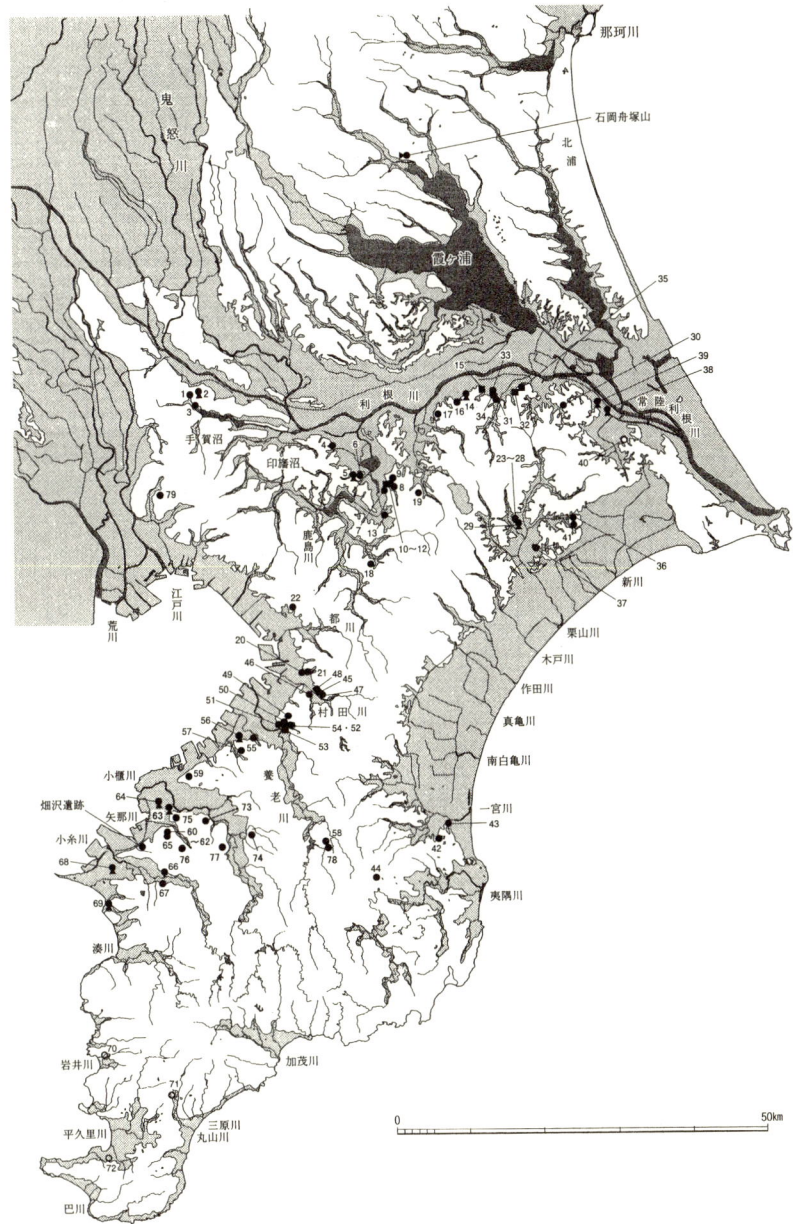

図8 房総の中期主要古墳

表2 房総の中期主要古墳一覧

地図No.	名称	墳形	規模(m)	時期	地図No.	名称	墳形	規模(m)	時期
1	花野井大塚古墳	円	25	V	42	浅間山1号墳	円	27	V
2	弁天古墳	前方後円	35	Ⅱ	43	待山1号墳	円(帆立貝)	23	(Ⅳ)
3	金塚古墳	円	20.5	Ⅵ	44	大多喜台古墳(2号墳)	円	(25)	(Ⅵ)
4	鵠塚古墳	円	44	Ⅰ	45	草刈3号墳	円	35	Ⅲ
5	吉高浅間古墳	円	25.5×22.2	V～Ⅵ	46	大概浅間様古墳	円	52	前期末～Ⅰ
6	立田台SM-02	円	17.2	Ⅵ	47	草刈24号墳	円	15.0	(Ⅲ)
7	下方丸塚古墳	円	(30)	(Ⅱ)	48	草刈1号墳	円	38	Ⅱ
8	瓢塚32号墳	円	31	Ⅵ	49	稲荷台1号墳	円	27.5	V
9	船形手黒1号墳	円	25	Ⅳ	50	持塚3号墳	円	28.1	V
10	台方宮代1号墳	方	40×39	Ⅲ～Ⅳ	51	東間部多1号墳	円	28	V～Ⅵ
11	台方宮代(2)1号墳	円	28	Ⅳ～V	52	持塚6号墳	円	18.9	Ⅵ
12	台方宮代(2)2号墳	(方)	6+	V	53	持塚4号墳	方	29	Ⅰ
	台方宮代(2)3号墳	円	15	Ⅵ	54	持塚1号墳	円	40	Ⅵ
13	大鷲神社古墳	円	(30)	Ⅰ～Ⅱ	55	海保3号墳	円	29	Ⅲ～Ⅳ
14	小松王塚古墳	前方後円		Ⅳ	56	姉崎二子塚古墳	前方後円	114	Ⅳ
15	北の内古墳	長方	20×14	V	57	富士見塚古墳	円	(25)	V
16	小野小仲内2号墳	円	15	(Ⅵ)	58	山小川1号墳	円	(15)	V
17	猫作・栗山16号墳	円	24.2	Ⅲ	59	鼻欠3号墳	円	7.0	V
18	大作31号墳	円	15	V		鼻欠4号墳	円	13.0	Ⅵ
19	烏山2号墳	円	23	Ⅵ		鼻欠5号墳	円	20.0	V
20	七廻塚古墳	円	54	Ⅲ	60	鹿島塚5号墳	円	26.5	Ⅳ
21	上赤塚1号墳	円	31	Ⅲ	61	鹿島塚6号墳	円	21.8	V
22	東寺山石神2号墳	円	25.6	Ⅲ	62	鹿島塚7号墳	円	19	Ⅵ
23	多古台1-1号墳	円	23	V	63	祇園大塚山古墳	前方後円	110	V
24	多古台2-1号墳	円	28	Ⅳ	64	高柳銚子塚古墳	前方後円	142	Ⅳ
25	多古台3-1号墳	円	21	V	65	野焼2号墳	円	21.5	V
26	多古台3-6号墳	円	40	Ⅳ	66	八重原1号墳	円	37.2	Ⅳ
27	多古台3-8号墳	円	19.5	V		八重原2号墳	円	18	V
28	多古台4-1号墳	楕円	40	(Ⅰ)	67	鹿島台3号墳	円	21.5	Ⅵ
29	多古台8-6号墳	前方後円	54	Ⅰ	68	内裏塚古墳	前方後円	148	Ⅳ
30	綱原002号墳旧表土祭祀	円	14.0	Ⅲ	69	弁天山古墳	前方後円	88	V
	綱原005号墳旧表土祭祀	円	17.2	Ⅲ	70	恩田原1号墳	不明	不明	Ⅲ
31	錦崎天神台1号墳	円	29	Ⅲ	71	永野台古墳	不明	不明	Ⅲ
32	大戸宮作1号墳	方	18	Ⅲ	72	大寺山1号洞穴			Ⅲ～Ⅵ
33	堀之内1号墳	円	23.6	V	73	大作001	円	14.0	V
34	堀之内3号墳	円	25.0	Ⅵ		大作002	円	11.5	V
35	山之辺手ひろがり3号墳	長方	20×14	(Ⅱ～Ⅲ)	74	茅野1号墳	円	20.5	Ⅵ
36	広之台3号墳	円	27.8	Ⅱ新	75	清見台A-4号	円	15	Ⅳ
37	小川台1号墳	円	28	Ⅲ～Ⅳ		清見台A-8号	円	24	Ⅳ
38	富田2号墳	前方後円	40	(Ⅵ)	76	矢那大原古墳	円	(25)	Ⅳ～V
39	豊浦大塚山古墳	前方後円	124	Ⅱ	77	熊野台2号墳	円	20	Ⅵ
40	布野台A区埋葬施設			V	78	柏野1号墳	円	27	Ⅵ
41	真々塚古墳	円	45	Ⅱ	79	河原塚古墳	円	26	Ⅵ

24

金銅製甲冑出土古墳としての祇園大塚山古墳の意義

古谷　毅

はじめに

　祇園大塚山古墳から出土した眉庇付冑と頸甲・挂甲から構成される金銅製甲冑は、製品の希有な素材や高い製作技術および金工技術の水準と、武具としての組成のいずれにおいても、ほかには類をみない重要資料である。とくに金銅製眉庇付冑は、古墳時代中期を代表する帯金式甲冑の中でも金銅製挂甲・頸甲とともに、古墳時代金属製甲冑の最高峰の製品に位置づけられると云っても過言ではない。

　このような製品を出土した祇園大塚山古墳の評価は、墳丘・埋葬施設などの古墳の基本的構成要素と副葬品の全体像から総合的に検討されるべきであるが、金銅製眉庇付冑の位置づけと、詳細が明らかではない出土状況や埋葬施設の検討については他章で詳細に検討されている。

　本章では、帯金式甲冑出土古墳の特色と古墳時代鉄製甲冑の性格を整理し、古墳時代甲冑出土古墳からみた本墳の位置づけを検討したい。

1. 甲冑出土古墳の変遷と特質

（1）古墳時代鉄製甲冑の変遷（図1～5・12，表1）

　祇園大塚山古墳出土の金銅製小札鋲留眉庇付冑と金銅製挂甲・襟甲からなる甲冑および須恵器の年代観は、おおむね古墳時代中期中頃と推定されている［村井1966，白井1987，橋本1995］。まず、これらの年代的位置づけを確認するために、古墳時代鉄製甲冑の変遷を確認しておきたい。

　前期型甲冑　日本列島における甲冑の出現は、木製甲が弥生時代後期に現れ、引き続き古墳時代にも製作されている［神谷1990］（図1）。これらは基本

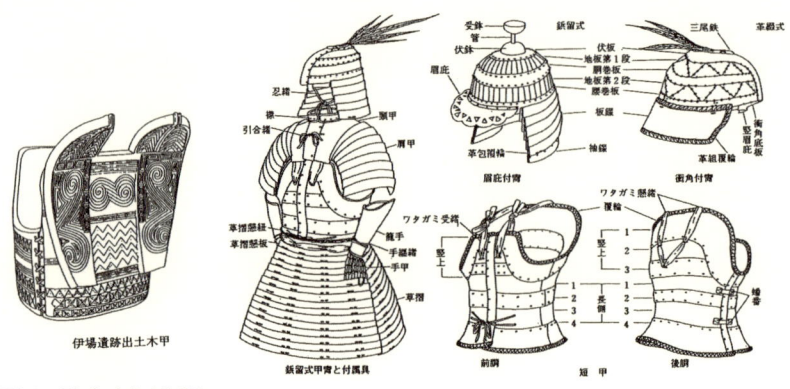

図1　弥生時代(後期)の甲冑
（静岡県伊場遺跡）

図2　古墳時代(中期)の甲冑(帯金式甲冑)
［末永1934，一部改変］

的に、左右前胴部と後胴部が分割される以外は一体型の製品を主とするが、方形板状の矩形の木板（札）を多数革綴して接合した製品も知られている。

　一方、古墳時代前期には鉄製甲冑が出現するが、いずれも革綴技術を用いて製作されると共に、多様な系譜をもつことが特徴である［小林謙1995，高橋工1995］。

　前期前半に出現する鞍形小札甲冑は類例も少なく、舶載品の可能性が極めて高いが、前期後半に出現する方形板革綴短甲は一例を除いて日本列島で出土[1]しており、日本列島製と考えられる［橋本1998］。

　また、3例のみにとどまる竪矧板革綴短甲は韓国の縦板釘結短甲に類似するが、形態や板金の形状に加え製作技術面においても厳密には一致する事例はない。むしろ、縦板釘結短甲の装飾性や襟部付近における防御性に顕著な構造をもつ特徴に対して、日本列島出土例は押付板部分などにバラエティがあるものの胴部の防御に特化した比較的シンプルな構造をもつ特徴[2]から、日本列島製である可能性も考慮する必要がある（図3・12）。

　中期型甲冑　多様な形態と複数の系譜をもつと考えられる前期型甲冑に対し、古墳時代前期末頃になると、いわゆる帯金と呼ばれる長細い板金を用いた独特の構造をもつ帯金式甲冑が成立する（図2）。

26

金銅製甲冑出土古墳としての祇園大塚山古墳の意義

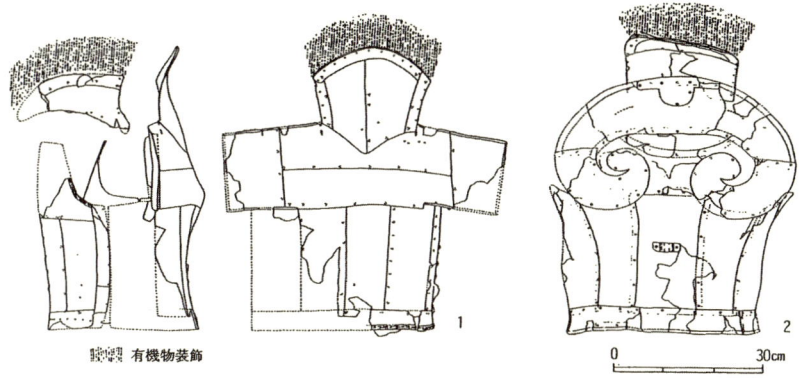

1. 東莱・福泉洞 57 号墳　2. 同 10 号墳

図3　半島の短甲　[鈴木 1999]

　帯金式甲冑は、甲冑各部の外周部分に帯金を用い、さらに外周を帯金で囲まれた各面を基本的に水平方向に帯金で分割し、その間に各種の板金（地板）を配置して構成されたいわば枠造りの基本構造をもつ。さまざまな地板の変遷や革綴から鋲留への接合技術の転換を経ながらも、冑・甲の各形式とも一定の構造を維持し続け、その間の変異も最小限に留まることが最大の特徴である。中期末頃まで盛行した古墳時代を代表する甲冑である。近年、朝鮮半島南部でも帯金式甲冑の出土例が増加しているが、圧倒的な数量をもつ日本列島出土例で一貫した型式変化を連続的に辿ることができるため、日本列島製品と考えられている［野上1968, 小林謙1974, 古谷1996］（図4）。
　帯金式甲冑の変遷は、冑・甲の各形式ともさまざまなバラエティを含みながら推移するが、おおよそ5段階に整理することが可能である（表1）。
　Ⅰ段階は、板錣・頸甲・肩甲や草摺などの各種付属具を備えた帯金式革綴甲冑の成立期で、三角板革綴衝角付冑と長方形板または三角板革綴短甲を代表とする。いずれも帯金を有し、地板には細かく分割された小規模な板金を使用する。帯金と地板を組み合せる枠造りの構造の出現や、地板の分割成形および革綴接合・革組覆輪などの技術要素から、三角板革綴衝角付冑や付属

27

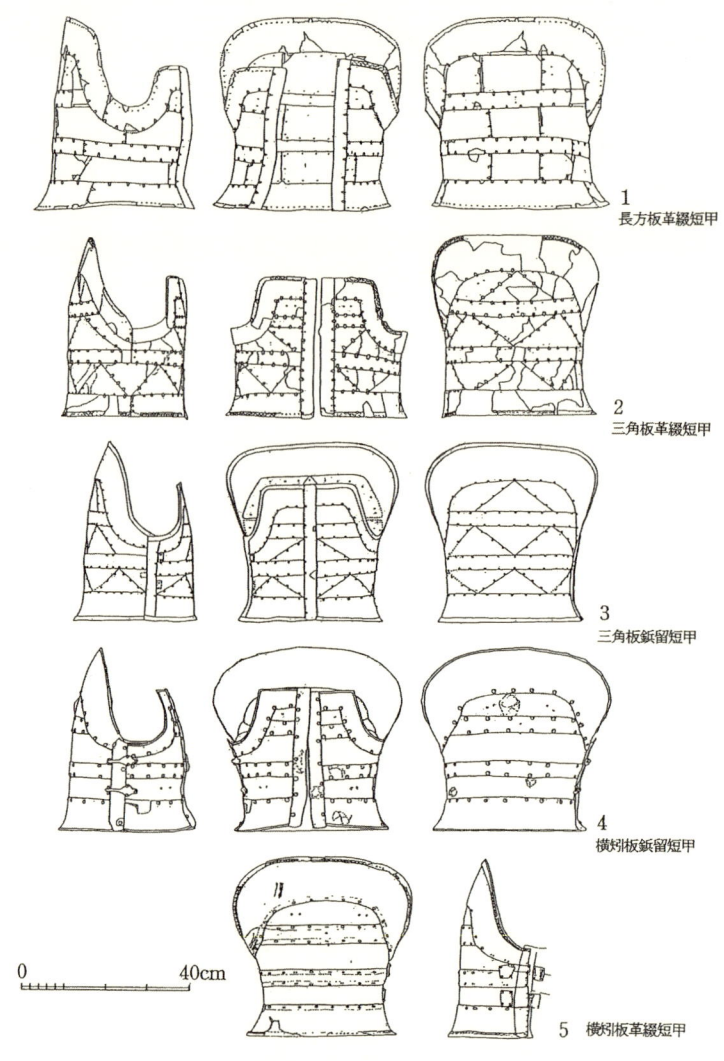

1. 京都府宇治二子山北墳　2. 京都府ニゴレ古墳　3. 奈良県新沢115墳
4. 静岡県石ノ形古墳　5. 宮崎県西都原地下式4号墳

図4　短甲（帯金式甲冑）の変遷

金銅製甲冑出土古墳としての祇園大塚山古墳の意義

表1　古墳時代甲冑の変遷[3]（点線＝革綴式、実線＝鋲留式、網掛け＝非帯金式甲冑）

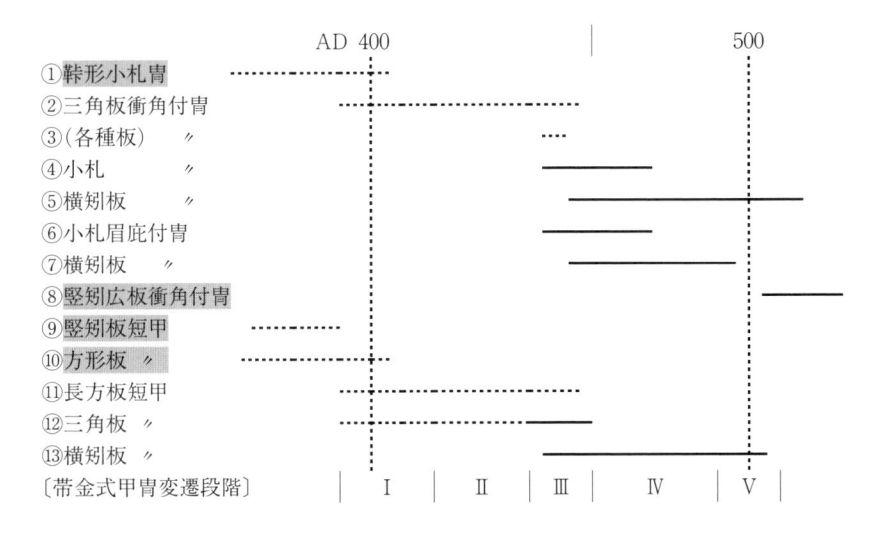

```
                     AD 400              500
①鞍形小札冑        ┈┈┈┈┊┈┈┈┈┈┊
②三角板衝角付冑        ┈┈┈┈┈┈┈┊
③(各種板)  〃                  ┈┈
④小札     〃                    ┈┈┈┈┈
⑤横矧板   〃                    ━━━━━━
⑥小札眉庇付冑                    ━━━
⑦横矧板   〃                    ━━━━━━
⑧竪矧広板衝角付冑                          ━━━
⑨竪矧板短甲        ┈┈┈┈┈
⑩方形板   〃        ┈┈┈┈┈
⑪長方板短甲                    ━━━━
⑫三角板   〃                    ━━━━━━
⑬横矧板   〃                    ━━━━━
〔帯金式甲冑変遷段階〕 │ Ⅰ │ Ⅱ │ Ⅲ │ Ⅳ │ Ⅴ │
```

前期の鉄製甲冑　　　：革綴式冑と革綴式短甲。舶載と国産。　　ex. 鞍形小札革綴冑・
　　　　　　　　　　　　　　　　　　　　　　　　　　　　　　　　竪矧板革綴短甲・
　　　　　　　　　　　　　　　　　　　　　　　　　　　　　　　　方形板革綴短甲

帯金式甲冑：Ⅰ段階：帯金式革綴甲冑の出現（割付系甲冑）。　　ex. 長方板・三角板革
　　　　　　　　　　　　　　　　　　　　　　　　　　　　　　　綴式甲冑

帯金式甲冑：Ⅱ段階：地板の減少。漸移的な発展と改良過程。

帯金式甲冑：Ⅲ段階：帯金式鋲留甲冑の成立（組合系甲冑）。　→大陸系新技術の導
　　　　　　　　　　　　　　　　　　　　　　　　　　　　　　入・付属具の多様化。
　　［TK73併行］　眉庇付冑の出現。　　　　　　　　　　　　ex. 三角板鋲留甲冑。

帯金式甲冑：Ⅳ段階：組合系甲冑の確立。　　　　　　　　　　ex. 三角板・横矧板鋲
　　　　　　　　　　　　　　　　　　　　　　　　　　　　　　留甲冑
［TK216～208併行］
　　　　　　　　　　　　　　　　　　　　　　　　　　　　　→鋲留甲冑の大量生産
　　　　　　　　　　　　　　　　　　　　　　　　　　　　　　と革綴甲冑の小規模
　　　　　　　　　　　　　　　　　　　　　　　　　　　　　　生産。

帯金式甲冑：Ⅴ段階：各部の形骸化・省略化。
　　［TK23～47併行］小札付属具の出現（単位系甲冑）。　　　ex. 小札錣・同草摺・
　　　　　　　　　　　　　　　　　　　　　　　　　　　　　　同肩甲
　　　　　　　　　　　　　　　　　　　　　　　　　　　　　→大量生産の終焉

後期の鉄製甲冑　　　：新設計製品の出現。　　　　　　　　　ex. 竪矧広板鋲留衝角
　　　　　　　　　　　挂甲の普及（単位系甲冑）。　　　　　　　付冑

具をはじめとする一部の祖型の成立背景には、革製甲冑を原形とした可能性も高いと考えられる。年代は、およそ4世紀後半から5世紀初頃と考えられる。

Ⅱ段階は、帯金式革綴甲冑の確立期で、基本的に型式変化が地板の減少に表れ、各部に連続的な新古の変遷が認められる。これは主に帯金式甲冑製作工程の第Ⅰ工程における板金分割作業の省略に起因した漸移的な改良過程と考えられる。また、付属具は製作工人の系統と創意が直接反映される可能性が高い部分であると捉えることが可能で、覆輪や板金の裁断技術に工人の改良過程を辿ることができる。その結果、とくに板錣や頸甲などの付属具の変遷によって、型式変化の細分が可能である[4]。

Ⅲ段階は、帯金式鋲留甲冑の成立期である。おそらく須恵器生産の開始とほぼ前後する時期で、帯金式甲冑の変革期である大陸系の鋲留技術の採用と同時に、型式が非常に多様化することが特徴である。しかし、大陸系のモデルと設計変更[5]によって新技術を採り入れて成立したと考えられる眉庇付冑の出現に象徴されるように、新形式の出現と多様化はいずれも帯金の使用や地板形状・帯金の増減といった帯金式甲冑における基本構造の枠内に納まる点が重要である。試行錯誤などと捉える場合もあったが、金属製甲冑生産における鋲留技術の応用がさまざまな側面に工夫された結果である。いずれも基本構造および帯金式革綴甲冑との間に、型式変化を連続的に辿ることができる。これは帯金式鋲留甲冑の成立にあたって、構造的な枠組みに関しては変更がなかったことを示しており、鋲留技術導入期における工人組織の変化を具体的に復元する視点を提供している［阪口2008他］。年代は、陶邑須恵器編年ではTK73段階併行期で、5世紀中頃を中心とした時期が想定されている。

Ⅳ段階は帯金式鋲留甲冑の確立期で、第Ⅲ段階で成立した横矧板鋲留短甲を代表として、冑・甲の各形式が量産される[6]。大量生産と短甲における右前胴開閉式への統一など、工人組織の拡大・組織化と安定性が窺われる。一方、後半段階からは各部の形骸化・省略化が生じる。帯金幅や鋲数の増減や、鍛造時における輪郭の整形を省略した地板の出現や共に新古の区別が可

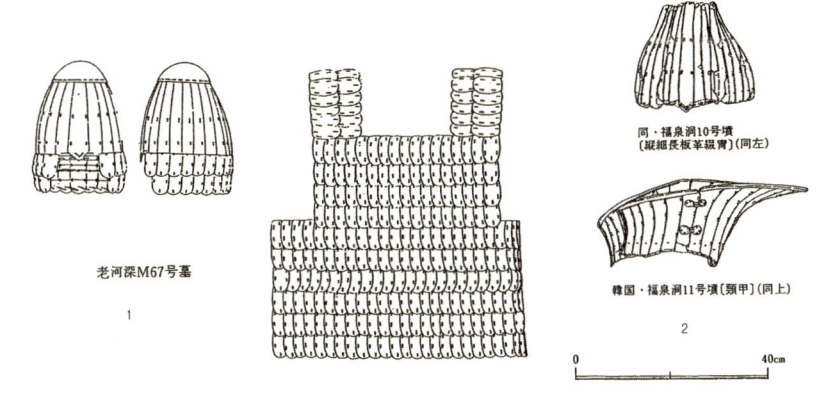

金銅製甲冑出土古墳としての祇園大塚山古墳の意義

1. 吉林・楡樹老河深遺跡M67号墓　2. 東萊・福泉洞10・11号墳

図5　中国・半島の甲冑

能である[7]。

V段階は、大量生産の終焉に特徴づけられる帯金式甲冑の衰退期である。各部の形骸化・省略化が設計の段階にも及び、一部の鋲留式衝角付冑[8]を除き、ほぼ帯金式甲冑の生産は終焉するとみられる。年代は、およそ6世紀を迎える段階で、陶邑須恵器編年ではTK23～47段階併行期と考えられている。

後期型甲冑　帯金式甲冑に代わって新設計の製品で特徴づけられる後期型甲冑が成立する。基本的に、竪矧広板鋲留式衝角付冑と挂甲から構成され、朝鮮半島や中国では弯曲長板冑と呼ばれるいわゆる蒙古鉢形冑と組み合う小札甲と同様な挂甲が普及する。このような後期の鉄製甲冑は、おそらく中国東北部、および高句麗等における騎兵の戦闘形態の影響下に成立した考えられる［内山1992・2006］（図5）。

(2) 古墳時代中期の甲冑出土古墳（図6・7）

現在、日本列島では約800例の古墳時代鉄製甲冑が知られるが、このうち600例余りが帯金式甲冑と呼ばれる5世紀を中心とした古墳時代中期の甲冑

で、410 基以上の古墳から出土している［埋蔵文化財研究会編 1993，橋本 2012 ほか］。とくに帯金式甲冑は製作技術の斉一性から畿内において一括生産された可能性が高い製品として注目され、出土古墳の分布範囲も東北南部の宮城県から九州南部の鹿児島県までのきわめて広範囲に亘る。これは日本列島における古墳文化の主要な分布範囲にほぼ一致することから、早くから古墳時代中期の文化や社会を考える基幹資料として繰り返し採り上げられてきた［小林 1950，北野 1969 ほか］。

このような古墳時代中期を代表する副葬品としての帯金式甲冑は、出土状態や出土古墳の性格に検討が加えられ、いくつかの顕著な特徴が認められている。

埋納形態　大別して、二つの形態がある。前期末頃から中期前半に副葬された帯金式革綴甲冑は、正位の立てた姿勢（立位）で埋納されている場合が多い。これに対し、中期後半に副葬された帯金式鋲留甲冑は、前胴を下に向けて臥せた姿勢、あるいは後胴を下にした仰向けの姿勢（倒位）で埋納されていることが多い。また、しばしば短甲の内側に正位に安置した冑を収納している場合もある。このような帯金式甲冑の埋納形態に関する一定の変遷は、主に木棺などの埋葬施設における収納スペースの変化に伴うものと考えられている［田中新 1975］。

このほか、棺内に甲冑を副葬する際に付属具が取り外されたことが窺える例があり、葬送時とそれ以前では必要な組合せが異なっていたことも示唆している[9]。このように着装形態とは別に、帯金式甲冑における副葬時の埋納形態には地域を越えた斉一性が認められ、葬送儀礼に際しては埋納形態に関する規範などや、あるいは甲冑の製作目的に関わる副葬品としての性格が顕著に反映している可能性が高いと考えられる。

埋納組成　甲冑出土古墳における甲冑の組成は、前述のようにあくまでも副葬時の組合せで、葬送儀礼に際しての埋納形態には一定の顕著な傾向が看取できた。したがって、埋納形態の組成に関しては一定の規範の存在を想定することが可能であった。これまでもこのような想定に基づき、甲冑出土古墳に関しては詳細な分析が加えられてきた［田中晋 1981，藤田 1988・2006，滝

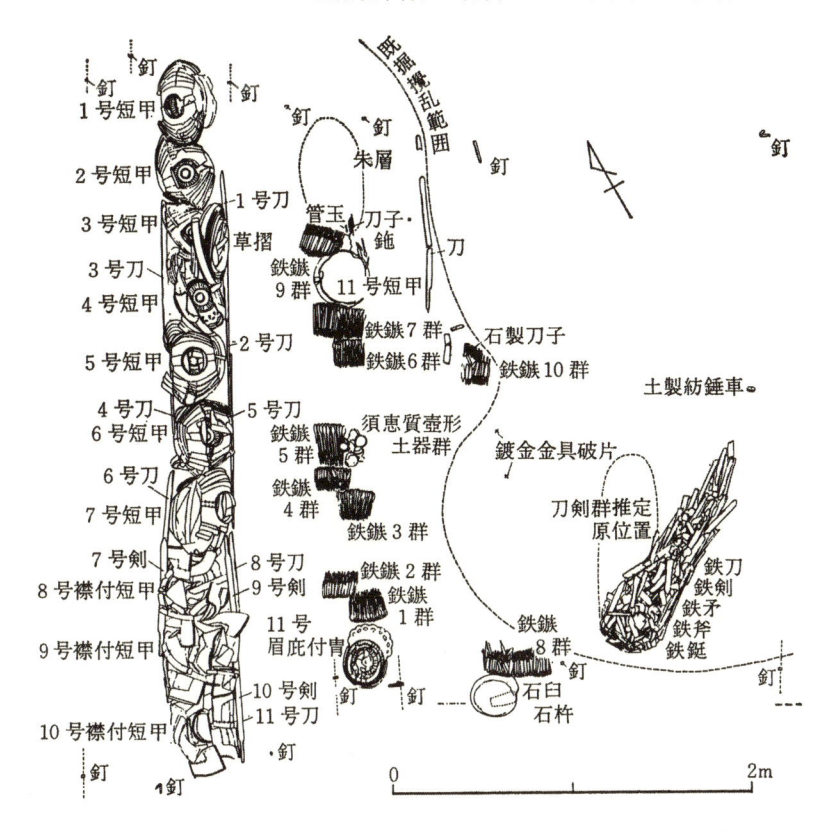

金銅製甲冑出土古墳としての祇園大塚山古墳の意義

図6 帯金式甲冑出土古墳（A類）副葬品配置図（大阪府野中古墳）

沢1994ほか]。

　従来の研究で明らかにされたことは、古墳時代中期の甲冑出土古墳における埋納組成は、冑・甲および付属具の頸甲の組合せを基本とすることである。また、1古墳に甲冑一組または短甲1領を埋納する古墳が圧倒的に多いことと、複数埋納古墳におけるさまざまな著しい特色である。

　先行研究でも詳細に分析・検討が加えられてきたが、ここでは甲冑出土古墳について冑・甲の組合せから、以下の5類型に分類して検討したい。

　A類は、5組以上の甲冑を出土するいわゆる多量埋納古墳である（図6）。これらはすべて帯金式鋲留甲冑段階で、大阪府黒姫山古墳（前方後円墳：長

33

114m)の前方部石室出土の24組を最大とし、大阪府古市古墳群の墓山古墳（前方後円墳：長224m）・百舌鳥古墳群の上石津ミサンザイ（伝履中陵）古墳（前方後円墳：長360m）のそれぞれ陪塚とも想定されている野中古墳（方墳：一辺27m）の11組・七観古墳（円墳：径約50m）の7組や、福岡県月岡古墳（前方後円墳：長95m）の竪穴式石室出土の金銅装眉庇付冑3を含む8組などがある。いずれも大型前方後円墳か、古市・百舌鳥古墳群の巨大前方後円墳に近接する陪塚的な中規模の円墳・方墳であることが特徴である。このほか、5組または冑・短甲のいずれかを5個以上出土した例には、京都府久津川車塚古墳・兵庫県雲部車塚古墳・奈良県円照寺墓山古墳・滋賀県新開1号墳がある。しかし、甲冑出土古墳全体の中ではきわめて少数で、しかも福岡県月岡古墳を除き近畿地方であることが注目され、頸甲・肩甲・草摺等の主要付属具を伴うことを通例とすることが重要である[10]。

　B類は、甲冑3～4組またはいずれかを3～4個出土した古墳である。帯金式革綴甲冑段階は、二つの埋葬施設から各1組づつを含む短甲3・冑2が出土した大阪府豊中大塚古墳（円墳：径約50m）が1例であるが、帯金式鋲留甲冑段階には10例以上がある。大阪府淡輪古墳群の西小山古墳（円墳：径約40m）竪穴式石室出土の金銅装眉庇付冑1を含む3組、唐櫃山古墳（前方後円墳：長53m）竪穴式石室出土の2組以上を含む短甲2・冑4や、群馬県鶴山古墳（前方後円墳：長102m）の2組以上を含む短甲3・冑2など、大型前方後円墳を含む地域首長墓とみられる例が多い。畿内地方以外では熊本・福岡・香川・山梨・群馬などの限られた地域で、1～2例に留まることも特色である。

　C類は、甲冑二組またはいずれかを2個出土した古墳での埋納である[11]。しばしば主要付属具を伴う。帯金式革綴甲冑段階は、大阪府和泉黄金塚古墳（前方後円墳：長86m）の2組、同盾塚古墳（帆立貝式前方後円墳：長63m）短甲2・冑1、東京都野毛大塚古墳（帆立貝式前方後円墳：長83m）の二つの埋葬施設から出土した2組に加え、奈良県室宮山古墳（前方後円墳：長224m）の造出部埋葬施設からの出土を含む2組がある。鋲留甲冑段階には約20例が確認できるが、福井県西塚古墳（前方後円墳：長67m）や一部大型円墳を

除き、大半が中小規模の円墳・方墳である。前者を C1 類、後者を C2 類とする。

一方、D 類型は甲冑一組の埋納例で、およそ 150 例が確認できる。このうち、前方後円墳は岡山県築山古墳（長 82 m）、福岡県小田茶臼塚古墳（長 55 m）など約 10 例で、中規模の地域首長墓と考えられる例が多いことが注意される[12]。しかし、ほかは中小規模の円墳・方墳であることも注目される。付属具を伴う例が多く、甲冑出土古墳の埋納形態におけるいわばスタンダードともいえる類型と考えられる。前者を D1 類、後者を D2 類とする。

E 類型は、短甲のみの埋納例である。1～3 領の例がある（図 6）。付属具を欠く例がきわめて多く、ほとんどが帯金鋲留式甲冑段階である。帯金式革

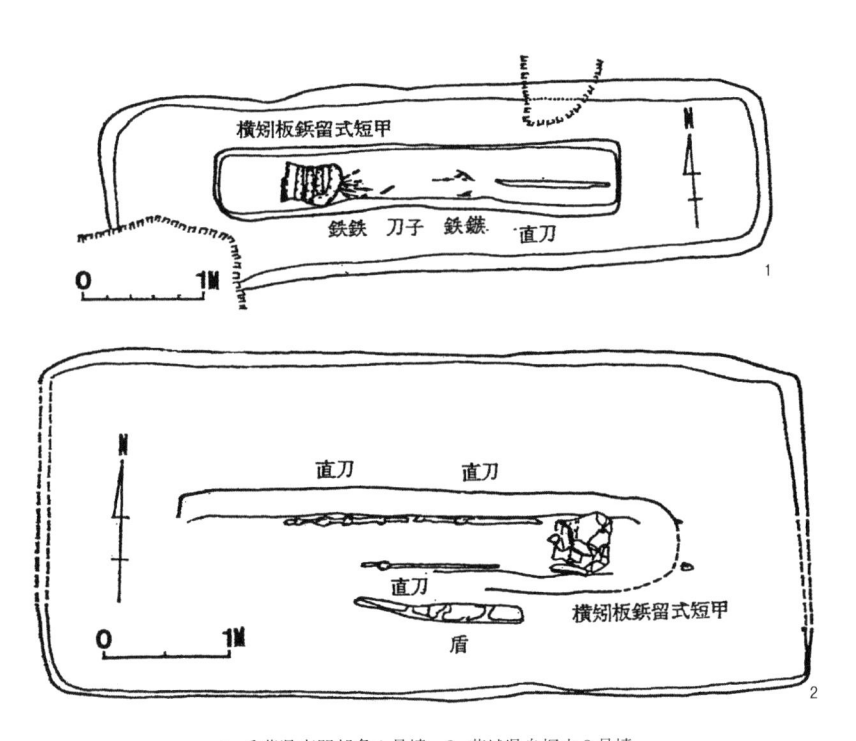

1. 千葉県東間部多 1 号墳　2. 茨城県舟塚山 8 号墳

図 7　帯金式甲冑出土古墳（E 類）副葬品配置図

綴甲冑段階は、奈良県高山2号墳（方墳：一辺23m）・富山県谷内21号墳（円墳：径30m）の短甲2領埋納例である。中小規模の円墳・方墳が大多数を占めることが特徴である。また、短甲2～3領埋納古墳例は11例[13]であるのに対し、短甲1領埋納古墳例はすでに200基を超えている。前者をE1類、後者をE2類とする。

埋納施設の方位 古墳時代中期以前における古墳の埋葬施設は、基本的に竪穴系埋葬施設で、古墳墳頂部に構築される例が多く、長大な木棺または石棺を内蔵していることが通例である。そのため、横穴系の埋葬施設と異なり、古墳完成後には埋葬施設は可視的に確認できない構造である。また、一般に埋葬施設の方位は墳丘形態や構築時の基準であったと想定される墳丘主軸の方向に規制される場合が多いと考えられている。しかし、発掘調査事例の増加に伴っていずれにも一定の傾向が指摘され、埋葬施設と墳丘の方位の関係に対しては早くから注意が払われてきた［斉藤1953，小林・近藤1959］[14]。

まず、前期には、近畿・瀬戸内北岸および出雲地方の竪穴式石室には南北方向に構築される例が多く、しかも北頭位が多いと推定できることが指摘された［都出1979・1986］。その他の地方についても、同様に南北方向に構築される例が多い常陸北部（茨城）に対して、讃岐（香川）や下総（千葉）地域の古墳では東西方向に構築された例が集中することもとり上げられた［岩崎1983，玉城1985］。このほかにも、東日本では遠江（静岡）・甲斐（山梨）・陸奥南部（宮城）地域の大型古墳では南北方向に構築される例が顕著にみられる。

一方、中期の東海（静岡）・南関東（千葉・茨城・東京）地方などの甲冑出土古墳の埋葬施設には、東西方向に構築される例がきわめて多いことが注目される［古谷1984，鈴木2005］。そのほかの地方においても、甲冑出土古墳では埋葬施設が東西方向に構築される傾向が強くみられることは、帯金式甲冑の埋納形態に関する共通の現象と捉えることができる。このような事実から、古墳時代中期における金属製帯金式甲冑の埋納方法に関しては、地域を越えた強い規範の存在が想定される[15]。

このように、帯金式甲冑は埋納時の組成および姿勢（埋納形態）だけではなく、埋葬施設の構造にまで及ぶ強い規範の下に取り扱われたことが窺われる。

金銅製甲冑出土古墳としての祇園大塚山古墳の意義

(3) 東京湾沿岸地方における甲冑出土古墳（図8～11・表2）

　いわゆる南関東地方は、東京湾に面した武蔵野台地と房総半島の低丘陵、および利根川下流域の常総台地周辺に、中小規模の沖積平野が数多く拡がることが特徴である。各平野の中小規模河川の流域には、前期から中期に多くの古墳群が成立し、後期には房総半島の太平洋側にも大型古墳群が出現する。

　中期には、東京湾沿岸部と利根川下流域周辺に甲冑出土古墳が分布し、16基の古墳・洞穴墓などから甲冑6組など、合計冑6～7、短甲20以上が出土している。畿内地方を除けば、日向（宮崎県）・筑紫（福岡県）・吉備（岡山県）・信濃南部（長野県伊那谷地方）・遠江（静岡県）地域と並んで、甲冑出土古墳が集中する地方である（図8）。

　まず、千葉県弁天山古墳（前方後円墳：長90m）（同2）と祇園大塚山古墳（前方後円墳：長約100m?）（同5）・姉ヶ崎二子塚古墳（前方後円墳：長110m）（同7）はいずれも全長100m前後の大型前方後円墳で、姉ヶ崎二子塚古墳・祇園大塚山古墳はC類、弁天山古墳は詳細が不明であるものの甲冑一組を出土するD1類の可能性がある。弁天山古墳は単独墳であるが近傍に位置するほぼ同時期の内裏塚古墳（前方後円墳：長140m）（同3）を盟主墳とする内裏塚古墳群との強い関係が想定されている。姉ヶ崎二子塚古墳と祇園大塚山古墳はそれぞれ大型前方後円墳を中心に構成される姉ヶ崎古墳群・祇園古墳群の盟主墳の一つと考えられ、共に金銅製または金銅装帯金式冑を副葬していることが特徴である。これらは同じ大型前方後円墳であっても、古墳群の構成に示される被葬者の社会的位置づけが異なる場合、副葬される甲冑組成や品質にも差が表れている例と捉えることができる可能性が高く、甲冑出土古墳において古墳の階層性と副葬された甲冑相には密接な相関性があることを予想させる。また、帯金革綴式甲冑段階の大型帆立貝式古墳で、多摩川流域左岸における首長墓の一つである東京都野毛大塚古墳（長83m）（同17）も甲冑二組を副葬するC類である。

　次に、中規模の円墳である神奈川県朝光寺原1号墳（径37m）（同19）は甲冑一組を埋納するD2類で、千葉県八重原1号墳（径35m）（同4）・東京都御岳山古墳（径42m）（同18）は短甲2を副葬するE1類である（図9）。これ

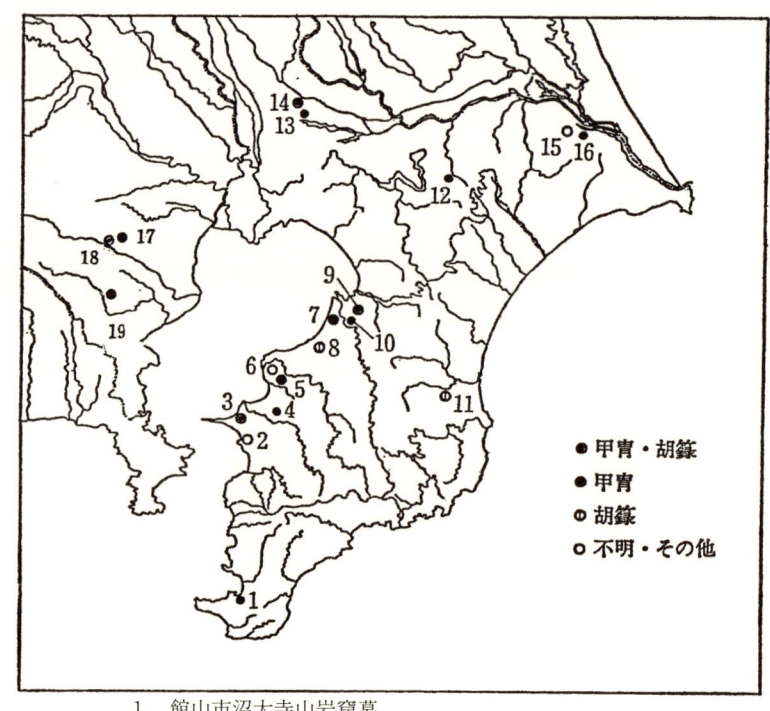

	1. 館山市沼大寺山岩窟墓		
小糸川流域	2. 富津市弁天山古墳	（前方後円墳）	全長 86〜100 m
	3. 富津市内裏塚古墳	（前方後円墳）	全長　147 m
	4. 君津市八重原1号墳	（円墳）	墳丘径　37 m
小櫃川流域	5. 木更津市祇園大塚山古墳	（前方後円墳）	全長約100 m
	6. 木更津市高柳銚子塚古墳	（前方後円墳）	全長　130 m
養老川流域	7. 市原市姉崎二子塚古墳	（前方後円墳）	全長　110 m
	8. 市原市富士見塚古墳	（円墳）	墳丘径　25 m
	9. 市原市稲荷台1号墳	（円墳）	墳丘径　27.5 m
	10. 市原市東間部多1号墳	（円墳）	墳丘径　29 m
一宮川流域	11. 陸沢町浅間山1号墳	（円墳）	墳丘径　26 m
印旛沼沿岸	12. 富里町烏山2号墳	（円墳）	墳丘径　23 m
手賀沼北岸	13. 我孫子市金塚古墳	（円墳）	墳丘径　20 m
利根川流域	14. 柏市花野井大塚古墳	（円墳）	墳丘径　25 m
利根川下流域	15. 小見川町(豊浦)三之分目大塚山古墳	（前方後円墳）	全長　120 m
	16. 小見川町布野台4号	〔確認調査による〕	
多摩川流域	17. 世田谷区野毛大塚古墳	（帆立貝式古墳）	全長 83 m
	18. 世田谷区御岳山古墳	（円墳）	墳丘径 42 m
鶴見川流域	19. 横浜市朝光寺原1号墳	（円墳）	墳丘径 37 m

図8　南関東地方における中期の大型古墳と武具出土古墳 ［白井1989, 一部改変］

金銅製甲冑出土古墳としての祇園大塚山古墳の意義

表2　南関東地方　甲冑出土古墳（[　]内は、図8古墳番号と類型）

1.	千葉県大寺山第1洞穴墓	［1：C'類］（洞穴墓）　―	：三角板革綴衝角付冑・三角革綴短甲、横矧板鋲留短甲
2.	千葉県弁天山古墳	［2：D1?類］（前方後円墳）全長90ｍ	：鋲留甲冑
3.	千葉県八重原1号墳	［4：E1類］（円墳）墳丘径35ｍ	：三角板横矧板鋲留短甲、横矧板鋲留短甲
4.	千葉県祇園大塚山古墳	［5：C類］（前方後円墳）全長約100ｍ	：金銅製眉庇付冑・同襟甲・同挂甲、挂甲
5.	千葉県姉ヶ崎二子塚古墳	［7：C類］（前方後円墳）全長110ｍ	：後円部(金銅装小札鋲留衝角付冑・短甲片) 前方部(革綴短甲)
6.	千葉県稲荷台1号墳	［9：E2類］（円墳）墳丘径28ｍ	：横矧板鋲留短甲
7.	千葉県東間部多1号墳	［10：E2類］（円墳）墳丘径28ｍ	：横矧板鋲留短甲
8.	千葉県鹿島塚6号墳	［―：E2類］（円墳）墳丘径22ｍ	：横矧板鋲留短甲
9.	千葉県野焼2号墳	［―：E2類］（円墳）墳丘径22ｍ	：横矧板鋲留短甲
10.	千葉県烏山2号墳	［12：E2類］（円墳）墳丘径26ｍ	：横矧板鋲留短甲
11.	千葉県金塚古墳	［13：E2類］（円墳）墳丘径20ｍ	：横矧板鋲留短甲
12.	千葉県花野井大塚古墳	［14：E2類］（円墳）墳丘径25ｍ	：横矧板鋲留短甲
13.	千葉県布野台(古墳)	［16：D2類］（ ― ）　―	：小札鋲留衝角付冑・横矧板鋲留短甲
14.	東京都野毛大塚古墳	［17：C類］（帆立式古墳）全長83ｍ	：第1主体部(三角板革綴衝角付冑・長方板革綴短甲) 第2主体部(三角板革綴衝角付冑・三角板革綴短甲)
15.	東京都御嶽山古墳	［18：E1類］（円墳）墳丘42ｍ	：三角板鋲留短甲、横矧板鋲留短甲
16.	神奈川県朝光原1号墳	［19：D2類］（円墳）墳丘37ｍ	：小札鋲留眉庇付冑・三角板鋲留短甲

に対し、東間部多1号墳（径37ｍ）（同10）・鹿島塚6号墳（径22ｍ）・野焼2号墳（径22ｍ）・烏山2号墳（径26ｍ）（同12）・金塚古墳（径26ｍ）（同13）・花野井大塚古墳墳（径25ｍ）（同14）は短甲1を副葬するE2類で、東間部多1号墳を除きほぼ同規模の小円墳であることが注目される。なお、甲冑一組と短甲1を出土した千葉県大寺山洞穴墓（同1）は海食洞穴利用の埋葬施設、甲冑一組の布野台4号（同16）は墳丘がない埋葬施設からの出土で、それぞれC2類・D2類に相当するがいずれも墳丘をもつ古墳とは異なり、特異な

39

事例である。これらはすべて帯金鋲留式甲冑段階で、中規模の円墳はD2または E1 類、その他は短甲 1 を副葬する E2 類で、とくに後者では埋納形態・墳形・墳丘規模に均質な特徴をもつことが重要である。

　一方、出土状況が明らかな例では、埋納姿勢は 5 世紀前半に遡る野毛大塚古墳（C1 類）が棺内の立位埋納である点と、眉庇付冑・短甲一組を出土した朝光寺原 1 号墳（D2 類）、短甲 2 を出土した八重原 1 号墳（E1 類）が棺外の立位埋納で、いずれも中規模な円墳であることは注目される。また、八重原 1 号墳（E1 類）と埋葬施設に粘土床という特色をもつ花野井大塚古墳（E2 類）を除き、D2・E2 類の古墳の埋葬施設はいずれも木棺直葬施設の倒位埋納例で、すべて東西方位をとることも顕著な特徴として捉えることができる（図 10）。

　ところで、E2 類の古墳のうち、「王賜」銘鉄剣の出土で有名な稲荷台 1 号墳（径 28 m）（同 9）は小規模な円墳で構成される初期群集墳の盟主的存在である。副葬された金象眼銘大刀の性格から、被葬者は新たに成長してきた有力層が直接畿内勢力と手を結ぶなどしていった姿が想定されている。したがって、E2 類の均質な特徴をもつ小円墳の甲冑出土古墳の性格は、稲荷台 1

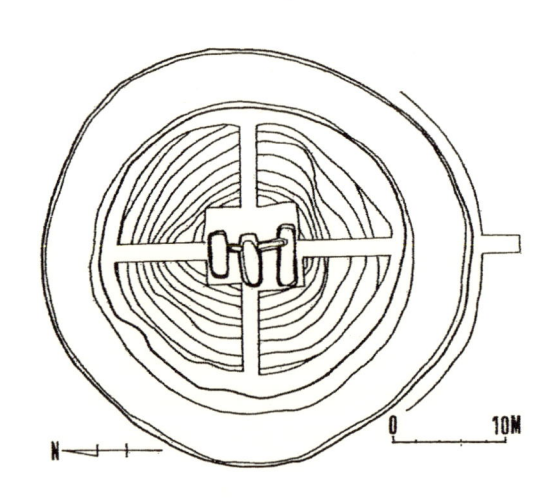

図 9　千葉県東間部多 1 号墳

号墳に代表されるような新たに成長してきた各地の有力層で、軍事的な活動に従事した被葬者像が想定できる。朝光寺原1号墳（D2類）・八重原1号墳（E1類）も中規模円墳で構成される初期群集墳の盟主的位置にあり、これらのD2・E1類の甲冑出土古墳も近似した性格を想定することができると考えられる。

　なお、利根川水系の霞ヶ浦奥部に位置する茨城県舟塚山8号墳（径18m）は同じく短甲1を出土したE2類の小円墳で、やはり埋葬施設を東西方位にとる倒位埋納例である（図7）。また、本墳は茨城県最大の舟塚山古墳（前方後円墳：長180m）の陪塚的位置にあり、その従属的な性格は舟塚山古墳との間に結ばれていたことが想定される（図11）。このような事例は、甲冑出土古墳における埋葬施設の方位に関して、東西方位のもつ従属的性格を示していると考えられる。すくなくとも、短甲1を副葬するE2類の中小円墳の性格については、中央勢力との直接的関係が想定される場合と在地の大型前方

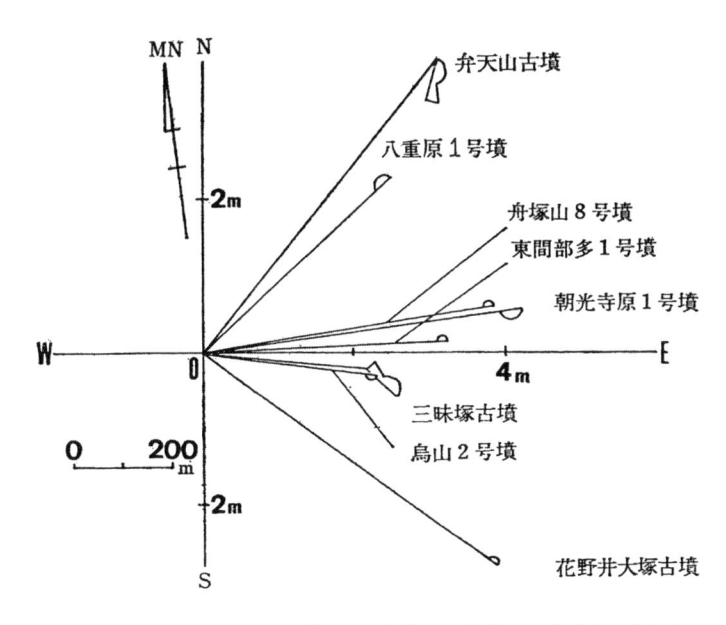

図10　南関東地方甲冑出土古墳 墳丘・内部施設の規模と方位比較図［古谷1984］

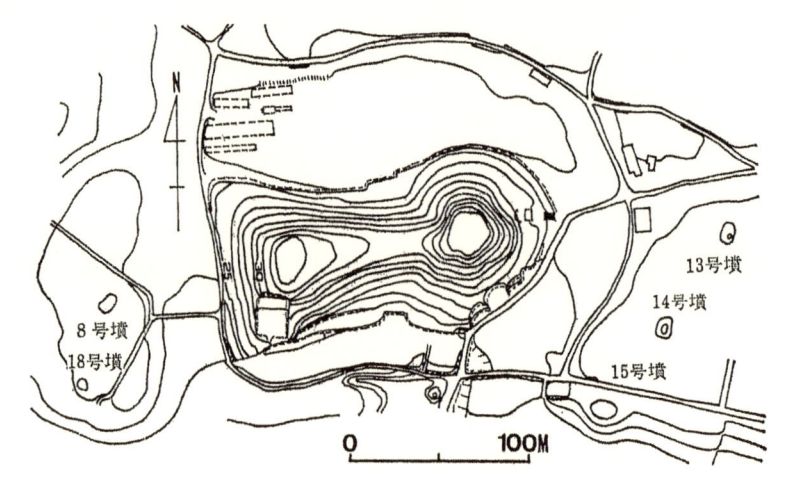

図11　茨城県舟塚山古墳群

後円墳との関係が想定される場合を考える必要がある。

2. 古墳時代中期のおける武器・武具の性格 (図12〜14・表3)
(1) 武器の変遷

　弥生時代の墳墓副葬品にみられる武装は、石剣・鉄剣と石鏃・銅鏃・鉄鏃などの弓矢が中心で、日本列島の初期農耕社会における個人武装の基本的装備と捉えることができる。

　古墳時代前期は、引き続き鉄剣を中心にヤリと直刀が加わり、後半は直刀が増加して鉄剣も長剣化する。中期には直刀・長剣が盛行するがヤリが消滅し、後半には短剣も減少する。なお、前期段階から出現した鉄矛は増加するが、刀剣と比較して少数である。後期には長剣も姿を消して直刀が中心となり、6世紀後半からはいわゆる金銀装飾り大刀が量産され、7世紀にかけて盛行する (図12)。

　一方、朝鮮半島では、紀元前後から短剣と並んで長剣が盛行するがやがて少数の直刀と鉄矛に移行する。古墳時代に併行する3〜5世紀の朝鮮三国時

金銅製甲冑出土古墳としての祇園大塚山古墳の意義

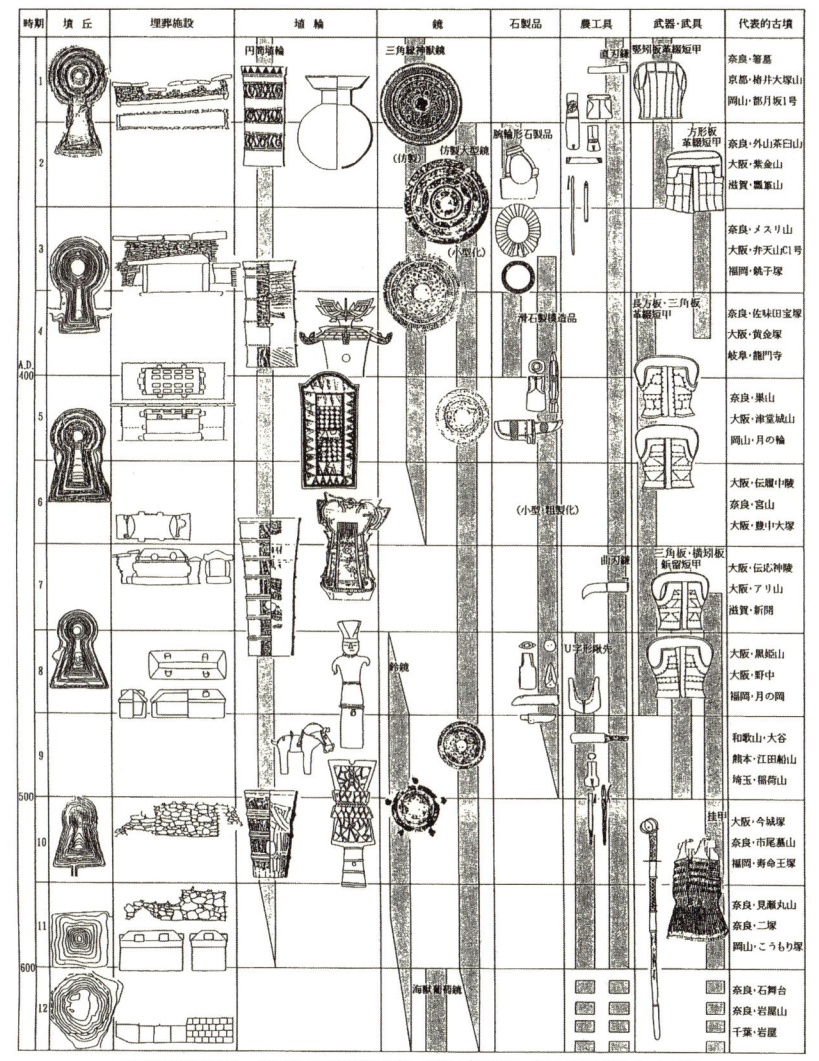

図12 古墳文化変遷図 ［新納1992］

代には、鉄剣はほとんど見られない。標準的な武装しては、長大な鉄矛に弓矢と若干の鉄製甲冑が基本的な装備で、胡籙や馬冑・馬甲をもつ例は非常に少ない。朝鮮半島南部においても、4世紀とみられる騎馬文化の伝播後も武装はいわゆる騎兵と多数の歩兵で構成されおり、武器の中心が鉄矛であることは騎兵の存在の大きさを示していると考えられる［古谷2000］。

また、刀剣と鉄矛は素手で直接握る武器と木柄の先端に取付けて扱う武器の差があり、中国ではこれを短兵と長兵と呼んでいる。前期のヤリは朝鮮半島で盛行する長剣と鉄矛の武装に影響されて出現したと考えられるが、古墳時代の主要な武器は鉄剣が次第に直刀に交代することから、一貫して短兵を中心とすることが特徴である［古谷2001］。前期から中期の武装は、刀剣と少数のヤリまたは鉄矛と若干の鉄製甲冑が基本で、多数の歩兵で構成されていたと考えられる。したがって、古墳時代中期の日本列島では歩兵用の武具を大量生産したことが最大の特徴で、5世紀の倭における武装の特色ということができる。

また、帯金式甲冑には実戦で使用したとは考え難い大きさの製品が存在することにも注意が必要である。佐賀県西分丸山古墳の三角板鋲留衝角付冑は全長が約20cmで、滋賀県真野古墳でもミニチュアの鉄製甲冑が出土している。ほかにも大阪府黒姫山古墳・野中古墳の鋲留短甲にも、ほとんど成人男子では着ることが難しい小型の製品が存在し、帯金式甲冑は副葬用の製品

図13　安息(右)と匈奴(左)の騎兵　[相馬 1970]

金銅製甲冑出土古墳としての祇園大塚山古墳の意義

1. 薬水里古墳　2. 三室塚古墳　3. 双盈塚古墳　4. 安岳3号墳

図14　高句麗古墳壁画にみられる騎兵の武装 [福尾2003]

としても検討する必要がある。

(2) 古墳時代の武器・武具生産と分布の背景

一方、古墳時代の武器の性格を窺うために、8世紀に成立した文献にみられる武器・武具の表現も検討しておきたい。

古事記・日本書紀には多くの武器の名称が登場するが、異伝等の繰り返しがない古事記を例にとると、すべての器物名の中で大刀・剣・矢の名称は多様で数も卓越している（表2）。鉄刀では、「生大刀」や「頭椎之大刀・草那藝之大刀」などの表現がみられ、なかには特定の大刀を指したと考えられる「大葉刈」のように愛称のような名称もある。鉄剣を指す「都流岐」も同様で、「十拳劔・天劔・草那藝劔」や「天尾羽張」などがあり、弓を指す「由美」も「都阿豆佐由美」という材質を読み込んだ名称や「天之麻迦古弓」のように弓の威力を表現した名称など、いずれも多様で豊富である。これらは登場人物の性格を表現する器物の中心が、刀剣や弓矢であったことを示していると考えられる。

ところが、これらの名称に、従来の考古学的研究における武器研究の中心であった4〜5世紀の中国系の素環頭大刀や、6世紀以降に出現する朝鮮半島系の金属装環頭大刀を表現する内容がみられないことは重要である。記紀に登場する武器の名称は古墳時代前期以来、連綿として造られた鉄剣やいわゆる倭（木）装大刀が該当するとみられ、外装の鹿角・木製装具に日本列島独自の直弧文を施すなど、剣装具とも近似した形態や特徴をもつ鉄製刀剣である。また、『万葉集』にみえる「都流岐能多知」（剣大刀）の表現からは、少なくとも7〜8世紀には「つるぎ」の語を含んだ大刀名称の存在を示し、刀剣装具双方における拵えの類似と深く関連すると考えられる。このような鉄製刀剣に見られるデザインの混交現象は当時の刀剣に対する意識のあり方を示しているとみられる。このような奈良時代における刀剣の性格にみられる同一性は、古墳時代にすでに存在した可能性を窺わせ、古墳時代の武器に弥生時代以来の鉄剣のもつ性格が伝統的に強く残存していることを示していると考えられる［古谷2001］。

金銅製甲冑出土古墳としての祇園大塚山古墳の意義

表 3　記紀における器物の記載(抄)[古谷ほか1988]

Ⅰ) 武器類：　　　　　　　　　　　　　　　　　　cf.「都流岐之多知」
　①刀(大刀・横刀)〔51例〕；「大御刀・生大刀」／「頭椎之大刀」／「草那藝之大刀・
　　　　　　　　　　大量[大葉刈]」
　　　　　　　　　　　　　　　　　cf.「大刀之手上・多知賀遠・久漏耶夜」
　②劔(刀)〔31例〕　：「十拳劔」／「母都流岐」／「天劔・草那藝劔・天尾
　　　　　　　　　　羽張・伊都尾羽張」　　　　　　cf.「劔刃」
　③矛(戈)〔11例〕　：－／「比比羅木之八尋矛・杖矛・黒色之楯矛・赤色之
　　　　　　　　　　楯矛」／「天沼矛」
　④矢(箭)〔55例〕　：「生弓矢」／「鳴鏑・丹塗矢・輕矢」／「忌矢・還矢・
　　　　　　　　　　天之波波矢・天之迦久矢」　　　　cf.「矢羽」
　⑤弓〔12例〕　　　：鞆－／「都久由美・阿豆佐由美」／「天之波士弓・天之
　　　　　　　　　　麻迦古弓・伊都竹鞆」　　　　　　cf.「弓弦」
　⑥靫〔4例〕　　　：－／「五百入之靫・千入之靫・天之石靫」
　⑦押(押機)〔3例〕：－／－／－
Ⅱ) 武具：
　①甲(鎧)〔3例〕　：－／－／－
　②楯〔4例〕　　　：「袁陀弖」／－／－
Ⅲ) 馬具：
　①鞍〔1例〕　　　：「御馬之鞍」／－／－
　②鐙〔1例〕　　　：「御鐙」／－／－

　　　　　　　　　　　　　(古事記の表記、[ ]は日本書紀の記載)

　一方、5世紀は倭の五王の時代ともいわれる時代で、対外交渉史の側面では日本（倭）が中国に冊封されつつ、朝鮮半島における軍事的指揮権を要求している。『宋書倭国伝』には、421・478年の倭王讃・武の遺使で南宋皇帝に奏上した上表文と共に、同時に倭王のほかに13人または20数人にも称号（除爵）を求めていることが注目され、倭の五王はいわゆる倭の代表として遺使していたことが窺える。414年建碑の『高句麗広開土王碑文』には倭による朝鮮半島への出兵の記事（391～404年）がみえるが、通説ではこの間に日本列島内の軍事的な集団関係がかなり進展したとみられている。しかし、倭の五王の要求は十分には実現せず、6世紀には遺使が途絶し冊封からも離脱する。7世紀以前の東・中央アジアでは、おおむね中国周辺民族は中国の冊封を受けているが、倭政権は7世紀に至るまで東アジアの中では稀な外交

的立場であったことは注目される。このような経過を辿った対外交渉史の中で、おそらく軍事的関係を基礎にした日本列島内の集団関係においては、鉄製武器・武具は軍事的な紐帯を維持するための存在として重要な役割を果たしたと考えられる。

　5世紀の帯金式甲冑や6世紀の挂甲・馬具に代表されるような日本列島における武器・武具の生産と分布は、おそらく畿内地方で生産された製品が地方にも広く運ばれた結果と考えられ、中央－地方間の紐帯の維持や強化を図るために大いに役立ったものと思われる。4～6世紀の東アジアにおける倭政権の対外交渉の動向からみると、帯金式甲冑を代表とする中期の武装の共通性や挂甲を代表とする後期の武装への転換の背景には、倭政権による中国の冊封への参加と離脱が密接に関連していた可能性が高いと考えられる。

3. 金銅製甲冑出土古墳の意義

　祇園大塚山古墳出土の金属製甲冑は、金銅製眉庇付冑・襟甲・挂甲と鉄製挂甲から構成されている。前者は付属具も含めた一組の甲冑と考えられ、5世紀中頃における最新の大陸系騎兵用武装の挂甲をいち早く採り入れ、歩兵用の帯金式甲冑と組合せて成立した独自の武装と捉えることができる。

　また、5世紀の金銅装甲冑を出土した古墳は、A類の福岡県月岡古墳（前方後円墳）、B類の大阪府西小山古墳（円墳）・奈良県五條猫塚古墳（方墳）をはじめ、前方後円墳の大阪府仁徳陵古墳前方部と三重県佐久米大塚山古墳はD1類、方墳の滋賀県塚越古墳はD2類である。前方後円墳の姉ヶ崎二子塚古墳と中型円墳の兵庫県小野大塚古墳・福岡県市稲堂21号墳などはC類であり、祇園大塚山古墳は短甲を含まないが、唯一の金銅製甲冑をもち複数埋納古墳であるC1類に近い組合せである。

　このように金銅装甲冑出土古墳にはA～D類があり、組成も多岐にわたる。特異な例としては長野県妙前大塚古墳などの冑のみ、埼玉県四十塚古墳の短甲のみの出土例もあるが、いずれも冑を含むことが重要であると考えられる。また、いわゆる甲冑多量埋納古墳も出土遺構や埋納状況からは基本的に甲冑一組の組合せの単位が複数存在することによって組成が形成されている。

金銅製甲冑出土古墳としての祇園大塚山古墳の意義

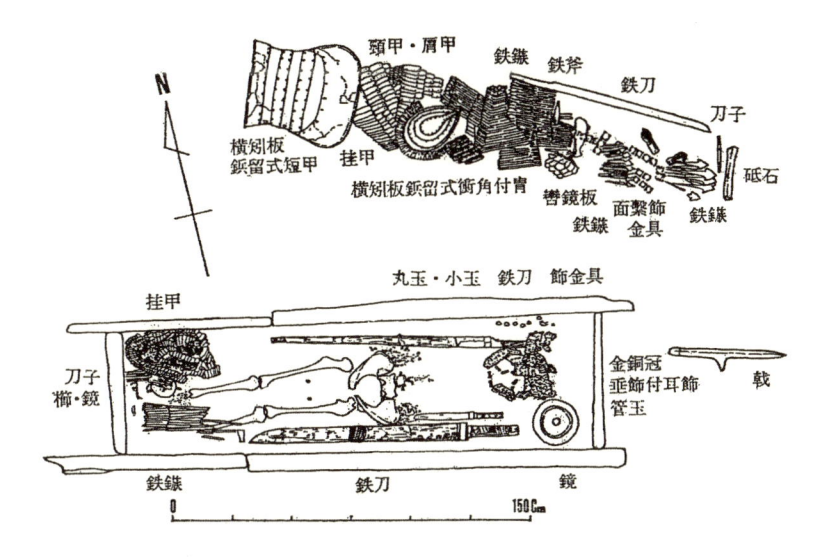

図15 帯金式甲冑出土古墳（挂甲共伴）副葬品配置図（茨城県三昧塚古墳）
［後藤ほか1960，一部改変］

　一方、時期がやや降るが、霞ヶ浦奥部の茨城県三昧塚古墳（前方後円墳：全長約85m）は、箱式石棺から倣製四神四獣鏡・乳文鏡・挂甲各1と金銅製冠1・垂飾付耳飾1対や装身具・武器類、副葬品埋納施設から帯金式鋲留甲冑一組・挂甲1と多数の武器・馬具が出土した（図15）。主な副葬品は棺内の鏡・冠・挂甲、棺外の衝角付冑・短甲・馬具類などという組合せである。祇園大塚山古墳の甲冑の組合せと比較すると、三昧塚古墳の冠と挂甲の組合せは祇園大塚山古墳の金銅製眉庇付冑と挂甲の組合せと同様な被葬者の性格を反映しているとみることも検討する必要がある。このように考えれば、祇園大塚山古墳の金銅製甲冑は、朝鮮半島の冠帽制の影響で、後期に盛行する金銅製冠につながる性格をもつ武装として成立した可能性を考えておきたい。
　さて、帯金式甲冑は各地方でそれぞれの社会における現存秩序や権力を正当化する社会的機能（社会観念）を担った器物として、畿内勢力から地方首長が受容したであるものであると考えられる。基本的に畿内勢力の下で製作

された高度な技術で製作された手工業製品（帯金式甲冑・武器など）の交換・共有は、当時の倭政権とその同盟関係の強い軍事的な性格を物質化した一形態として機能していたとみられる。しかし、各地方首長と畿内勢力との間では一律ではない関係が存在したことも容易に予想される。そうした関係性の相違は、D・E類を中心とする南関東地方の甲冑出土古墳の中でも姉ヶ崎二子塚古墳と祇園大塚山古墳がC類であり、それぞれが大型前方後円墳を中心に構成され古墳群の中心的存在であることから、出土古墳の階層性と副葬された甲冑相には密接な相関性が窺えた。

これらの事例からみて、祇園大塚山古墳の甲冑出土古墳としての性格は、A類の金銅装甲冑を含む多量埋納の前方後円墳・福岡県月岡古墳よりは、金銅装甲冑出土の大阪府伝仁徳陵古墳前方部（D1類）や淡輪古墳群の中型円墳・西小山古墳（B類）に代表される王権中枢部に近い人物を被葬者に想定されている古墳に近似した性格をもつと考えることができる。さらに、甲冑の品質・組成に示される先進性と稀少性は、当時の倭社会の中の有力な地方首長墓と比べても、希有で特別な位置を示していると考えることが可能であると思われる。

※なお、本稿は古谷2011・2012bを基に、加筆・訂正して構成した。
　報告書等からの引用は紙幅の都合で省略させて頂いた。

註
(1) 朝鮮半島出土例は、韓国・慶尚南道釜山市　東萊福泉洞64号墳出土　方形板革綴短甲。
(2) 韓国の縦板釘結短甲における装飾性［鈴木1999］や縦矧板革綴短甲の押付板に関する変化［高橋克1993］が検討されている。
(3) 旧稿［古谷1996］では、「第Ⅰ～Ⅴ期」と表記した［古谷2012］。一方、帯金式甲冑の短甲については、早くから鉄製方形板革綴短甲から成立する可能性が指摘されてきた学史がある［古谷2006］。近年、新出資料における構成要素の具体的な検討から発展過程を跡づける分析が進展している［坂口2010など］。なお、

年代観については近年、年輪年代等の成果［国立歴史民俗博物館編 2007・2009 ほか］があるが、副葬品研究との検討を十分に果たしていないため本稿では旧稿［古谷 1996］にしたがい他日を期したい。

(4) 頸甲の変遷は、機能の向上を図るための設計限界内の改良と設計変更を伴う型式変化がみられる［藤田 1984・2006，古谷 2012］。肩甲の変遷は枚数増加と板幅縮小という一貫した方向性が示されている［右島 1988］。板錣の変遷については、形状・構造が単純な段階から複雑な段階に変化する過程を系統的に辿ることが可能である［古谷 1988，鈴木 2008・2012］。なお、設計には革製甲冑の製作技術を踏襲した、いわばレザークラフトの技術を応用していたことが想定され、革製甲冑の鉄製化が板錣や草摺などの付属具をはじめ、設計上、構造が単純な箇所から始められたらしいことからも窺うことができる［古谷 1996］。

(5) 眉庇付冑の設計原理は従来の帯金式甲冑とは異なり、成立当初から地板の互換性が認められる。これは帯金式革綴甲冑段階の割付系甲冑の設計原理を変更して、新たに生み出された組合系甲冑の出現と捉えることができ、個体別に専用の板金を分割して生産する段階（割付系甲冑）から、地板を個々に単体で生産され個体間に互換性をもつ段階（組合系甲冑）に転換した結果生じた現象とみられる。また、衝角付冑や短甲における同様な設計変更の存在は、特殊な鋲留眉庇付冑・鋲留短甲［橋本 2004］や革包覆輪などの検討によって、その細別と組列に見通しを立てることが可能である［古谷 1996］。

(6) なお、鋲留技術の影響が認められる横矧板革綴式短甲［小林 1967］の出現など、革綴甲冑の生産もごく限られた規模では継続している。

(7) 短甲の場合、帯金幅・鋲数の増減［吉村 1988，滝沢 1991］や地板の形状が次第に隅丸多角形に変化する特徴［古谷 1996，西嶋 2012］に表れている。

(8) 帯金を使用する帯金式鋲留衝角付冑は、板錣から小札錣に変化していることが特徴である［古谷 1988］。これは甲における肩甲・草摺の小札化［野上 1970，塚本 2004，宇野・大澤 2005］と共に生じた形式と考えられ、後期型甲冑である縦矧広板衝角付冑の生産と関係が課題である［鈴木 2010］。

(9) 奈良県新沢千塚 115 号墳や大阪府土保山古墳では、棺内出土の横矧板鋲留短甲に対し、前者では棺上、後者では棺外の副葬品埋納施設には付属具が単独で出土している。いずれも棺外（棺上・副葬品埋納用施設）に付属具が単独で埋納された例で、副葬時における甲冑組成の規範にしたがった付属具の着脱を想定するこ

とができる［古谷 1996］。
(10) なお、大阪府百舌鳥大塚山古墳（前方後円墳：長 168 m）は 6 埋葬施設から短甲 6・冑 3、大阪府朱金塚古墳（方墳：一辺 28 m）は南槨・北槨の 2 埋葬施設からそれぞれ短甲 5・冑 3 を出土しているが、今回は A・B 類の別は保留した。
(11) 京都府宇治二子山南墳（円墳：径 20 m）の出土甲冑は、甲のうち 1 領は短甲といわゆる入れ子状態で出土した挂甲［中村 1970］であるため、短甲 2 と冑 1 を基準として C 類とした。
(12) また、和歌山県大谷古墳（長 70 m）・茨城県三昧塚古墳（長 85 m）のように、中期末頃の築造では挂甲を伴う例が多い。この点については最後に触れたい。
(13) 宮崎県西都原 4 号地下式横穴墓（円墳：径 28 m）と小規模な円墳である奈良県後手 2 号墳（円墳：径 14 m）は短甲 3 の出土例であるが、前者は大型地下式横穴、後者は 2 体埋葬に伴う例である。
(14) このほか、古墳時代前期からしばしば墳丘主軸に斜行する埋葬施設をもつ古墳の存在が知られており、その性格が検討されている［北條 1987，福永 1990，滝沢 2012 他］。
(15) 甲冑出土古墳の埋葬施設における東西方位の優位は、前期以来の埋葬施設における東西方位の性格と整合する可能性が高いとみられている。このように考えれば、古墳時代中期の甲冑出土古墳の性格は、前期古墳の埋葬施設における南北・東西方位の性格の差とも整合する可能性が高く、今後は前期古墳における埋葬施設の方位の性格との比較・検討が必要である。

引用文献

岩崎卓也 1983「古墳時代の信仰」『季刊 考古学』第 2 号（特集 神々と仏を考古学する）雄山閣出版

内山敏行 1992「古墳時代後期の朝鮮半島系冑」『研究紀要』1　㈶栃木県文化振興事業団 埋蔵文化財センター

内山敏行 2006「古墳時代後期の甲冑」『古代武器研究』Vol. 7　古代武器研究会

宇野慎敏・大澤元裕 2005「稲童古墳群出土の武具について」『稲童古墳群』行橋市教育委員会

神谷正弘 1990「日本出土の木製短甲」『考古学論集』第 3 号　考古学を学ぶ会

北野耕平 1963「中期古墳の副葬品とその技術史的意義」『近畿古文化論攷』吉川弘

文館

北野耕平 1969「五世紀における甲冑出土古墳の諸問題」『考古学雑誌』第54巻第4号

国立歴史民俗博物館編 2007・2009『日韓古墳・三国時代の年代観（Ⅱ・Ⅲ）』釜山大学校博物館・国立歴史民俗博物館

小林謙一 1974「甲冑製作技術の変遷と工人系統（上・下）」『考古学研究』第20巻第4号・第21巻第2号

小林謙一 1995「古墳時代における初期の甲冑」『文化財論叢Ⅱ』（奈良国立文化財研究所創立40周年論文集）同刊行会編　同朋社出版

小林行雄・近藤義郎 1959「古墳の変遷」『世界考古学大系』（日本Ⅲ）　平凡社

小林行雄 1950「古墳時代における文化の伝播」『史林』第40巻第4号（「中期古墳時代文化とその伝播」『古墳時代の研究』青木書店　1961年に加筆・修正所収）

斉藤　忠 1953「古墳方位考」『考古学雑誌』第39巻第2号　日本考古学会

白井久美子 1987「祇園大塚山古墳の埴輪と須恵器」『古代』第83号　早稲田大学考古学会

白井久美子 1989「房総の古墳時代研究と稲荷台一号古墳」（特集・「王賜」銘鉄剣と古代東国）『千葉史学』第15号　千葉歴史学会

末永雅雄 1934『日本上代の甲冑』岡書院

阪口英毅 2008「いわゆる「鋲留技法導入期」の評価」『古代武器研究』Vol. 9　古代武器研究会

阪口英毅 2010「帯金式甲冑の成立」『遠古登攀』（遠山昭登君追悼　考古学論集）『遠古登攀』刊行会

鈴木一有 1999「鳥装の武人」『国家形成期の考古学』大阪大学考古学研究室

鈴木一有 2005「東海の甲冑出土古墳にみる古墳時代中期の変革」『天花寺丘陵内遺跡群発掘調査報告Ⅵ』三重県埋蔵文化財センター

鈴木一有 2010「古墳時代後期の衝角付冑」『待兼山考古学論集Ⅱ』大阪大学考古学研究室

鈴木一有 2012「小札鋲留衝角付冑の変遷とその意義」『国立歴史民俗博物館研究報告』第173集　国立歴史民俗博物館

相馬　隆 1970「胡騎考―安息の騎兵に就いて―」『考古学雑誌』第56巻第2号　日本考古学会

滝沢　誠　1991「鋲留短甲の編年」『考古学雑誌』第 76 巻第 3 号　日本考古学会

滝沢　誠　1994「甲冑出土古墳からみた古墳時代前・中期の軍事編成」『日本と世界の考古学—現代考古学の展望—』（岩崎卓也先生退官記念論文集編集委員会）雄山閣

滝沢　誠　2012「東日本における古墳時代の主軸斜交埋葬施設」『筑波大学先史学・考古学研究』第 23 号　筑波大学人文社会科学研究科歴史・人類学専攻

高橋克壽　1993「4 世紀における短甲の変化」『紫金山古墳と石山古墳』京都大学文学部博物館

高橋　工　1995「東アジアにおける甲冑の系統と日本」『日本考古学』2　日本考古学協会

田中新史　1975「五世紀における短甲出土古墳の一様相」『史館』5 号　史館同人

田中晋作　1981「武器の所有形態からみた古墳被葬者の性格」『ヒストリア』第 93 号　大阪歴史学会

玉城一枝　1985「讃岐地方の前期古墳をめぐる二、三の問題」『末永雅雄先生米寿記念献呈論文集』末永先生米寿記念会

都出比呂志　1979「前方後円墳出現期の社会」『考古学研究』第 26 巻第 3 号　考古学研究会

都出比呂志　1986『竪穴式石室の地域性の研究』昭和 60 年度科学研究費補助金　基盤研究(C)研究成果報告書　大阪大学文学部

塚本敏夫　2004「帯板・小札併用肩甲の意義と成立過程」『正崎 2 号墳』山陽町教育委員会

中村徹也　1970「宇治二子山南墳出土の短甲と挂甲」『考古学雑誌』第 55 巻第 4 号　日本考古学会

新納　泉　1992「Ⅴ古墳時代　2 古墳」『日本の人類遺跡』日本第四紀学会他編　東京大学出版会

西嶋剛広　2012「熊本地域の鋲留短甲の検討」『国立歴史民俗博物館研究報告』第 173 集　国立歴史民俗博物館

野上丈助　1968「古墳時代における甲冑の変遷とその技術史的意義」『考古学研究』第 14 巻第 4 号　考古学研究会

野上丈助　1970「横矧板形式の短甲と付属小札について」『考古学雑誌』第 56 巻第 2 号　日本考古学会

橋本達也 1995「古墳時代中期における金工技術の変革とその意義―眉庇付冑を中心として―」『考古学雑誌』第 80 巻第 4 号　日本考古学会
橋本達也 1998「竪矧板・方形板革綴短甲の技術と系譜」『青丘学術論集』第 12 集　韓国文化研究振興財団
橋本達也 2004「永浦 4 号墳出土副葬品の意義―甲冑・鉄鏃を中心として」『永浦遺跡』古賀市教育委員会
北條芳隆 1987「墳丘と方位からみた七つ坑 1 号墳の位置」『七つ坑古墳群』七つ坑古墳群調査団
福尾正彦 2003「日本と朝鮮半島の鉄製甲冑―短甲を中心に―」『東アジアと日本の考古学』Ⅲ　同成社
福永伸哉 1990「主軸斜行主体部考」『鳥居前古墳―総括編―』大阪大学文学部考古学研究室
藤田和尊 1988「古墳時代における武器・武具保有形態の変遷」『橿原考古学研究所論集』第 8　吉川弘文館
藤田和尊 2006『古墳時代の王権と軍事』学生社
古谷　毅 1984「南関東地方の甲冑出土古墳の性格」『史学研究集録』第 9 号　國學院大學日本史学専攻大学院会
古谷　毅 1988「京都府久津川車塚古墳出土の甲冑―いわゆる"一枚錣"の提起する問題―」『MUSEUM』第 445 号　東京国立博物館
古谷　毅 1996「古墳時代甲冑研究の方法と課題」『考古学雑誌』第 81 巻第 4 号　日本考古学会
古谷　毅 2000「鉄製武器武具と古墳文化」『古代武器研究』第 1 号　古代武器研究会
古谷　毅 2001「鉄製刀剣の系譜」『季刊 考古学』第 76 号　雄山閣出版
古谷　毅 2006「方形板革綴短甲の基礎的研究(1)」『東京国立博物館紀要』第 23 号　東京国立博物館
古谷　毅 2011「甲冑出土古墳としての祇園大塚山古墳」『第 79 回歴博フォーラム要旨集』国立歴史民俗博物館
古谷　毅 2012a「帯金式甲冑の製作技術」『国立歴史民俗博物館研究報告』第 173 集　国立歴史民俗博物館
古谷　毅 2012b「島内地下式横穴墓群出土武器武具の資料的意義―保存状態と武器

武具の性格―」『島内地下式横穴墓群の出土品の評価と被葬者像　予稿集』重要文化財指定記念シンポジウム　えびの市教育委員会

古谷毅・岡久雄　1988「三、語句解説　器物類」『古事記事典』尾畑喜一郎編　桜風社

埋蔵文化財研究会編　1993『甲冑出土古墳にみる武器・武具の変遷』第33回埋蔵文化財研究集会

右島和夫　1988「鶴山古墳出土遺物の基礎調査Ⅲ」『群馬県立歴史博物館調査報告書』4

村井嵓雄　1966「千葉県木更津市大塚山古墳出土遺物の研究」『MUSEUM』第189号（特集：日本の武器武具2）　東京国立博物館

吉村和昭　1988「短甲系譜試論」『考古学論攷』第13冊　橿原考古学研究所

祇園大塚山古墳の金銅装眉庇付冑と古墳時代中期の社会

橋本 達也

1. はじめに

祇園大塚山古墳の甲冑 1891（明治24）年、当時山林であった祇園大塚山古墳（現、千葉県木更津市）で開墾が行われ石棺が開かれた。その際に出土した副葬品には金色に輝く甲冑や刀剣鏃、銀製垂飾付耳飾りなどがあり、東京帝室博物館へ収蔵されることとなった。その出土に関わる報告が小杉榲邨によって学界になされたのは1898年ことである［小杉1898］。これ以降、祇園大塚山古墳で出土した金色の甲冑は1782（明治5）年に大阪府大仙陵古墳前方部石室から出土した金銅装の甲冑とともに、巨大前方後円墳を築造した時代の甲冑の代表例として知られるようになった（図1）。

祇園大塚山古墳出土甲冑のうち、とくに眉庇付冑は大正期以降、さまざまな書籍や図録等において古墳時代の代表的遺物として引用されている。また、1966年には村井嵩雄によって資料の再整理報告がなされ、今日知ることのできる多くの情報が提示された［村井1966］。さらに、近年に至って、千葉県史編纂事業の一環として資料整理が進められ、その全体像を

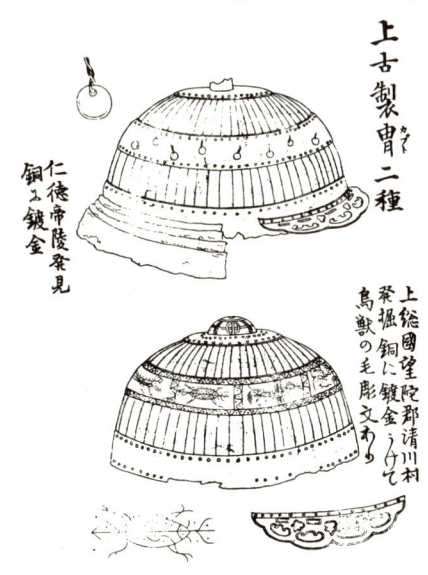

上：大仙陵古墳　下：祇園大塚山古墳

図1　小杉榲邨 1899 の眉庇付冑図

受鉢外面展開

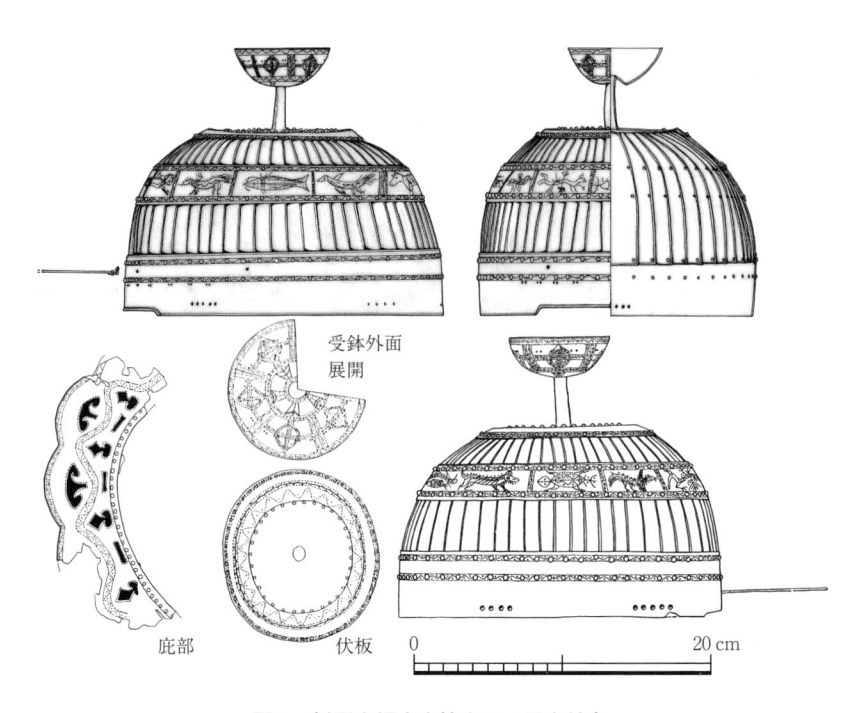

庇部　　伏板　　0　　　　　　20 cm

図2　祇園大塚山古墳出土の眉庇付冑

知ることが可能となった［千葉県史料研究財団 2002］。

　2011 年、国立歴史民俗博物館での祇園大塚山古墳に関するシンポジウムは、その発見から 120 年目のことであった。この間には日本列島の各地で数多くの古墳が発掘調査されてきたにもかかわらず、この甲冑を超えるあるいは匹敵するようなものは出土していないし、これから先にも激増するなどということは考え難い。きわめて希有な存在であり、大仙陵古墳前方部出土品とも共通性を有するこの甲冑の適切な評価は古墳時代中期社会の評価に関わるものと考えられる。そこで本稿は、祇園大塚山古墳出土甲冑について、近年の研究動向の中であらためて検討を加え、その位置づけの明示を目的とする。

　古墳時代の甲冑とは　さて、祇園大塚山古墳では、眉庇付冑・小札甲 2[1] 領・襟甲が出土している。それぞれについて具体的に見て行く前にその前提としての古墳時代甲冑の意義について確認しておこう。

祇園大塚山古墳の金銅装眉庇付冑と古墳時代中期の社会

　古墳時代はまさに墓である古墳、なかでも前方後円墳の築造によって首長層の権力や地位などを表示することに特徴づけられる時代であるが、同時にその埋葬施設では被葬者に関わる器物が副葬されるとともに、丁重な儀礼が行われる。その副葬品に選ばれる品々は古墳時代の各時期ごとに変遷するが、甲冑は古墳時代前期から後期までのおよそ350年間に渡ってその主要構成品の一つであった。

　なかでも斉一的で高度な金属加工に関わる先端技術を集積した古墳時代中期の甲冑は基本的に地方様式が存在せず、北関東から九州南部に至る列島の広範な地域に大量に分布し、かつその分布の中心が巨大前方後円墳を中心とする大阪府古市・百舌鳥古墳群にあることを特徴とする。よって、中期甲冑はこの古墳群被葬者を中心とする近畿中央政権の元で生産され、その配布を通じた各首長との政治的な紐帯を象徴しているものと考えられる。

　また、鉄製甲冑はその生産技術を日本列島内での内的な発展だけでは説明できず、東アジア諸地域との関係性をもった最新の諸技術が駆使されており、地域間交流や文化接触を図る素材となる。

　金銅装について　このような時代背景のなかで祇園大塚山古墳の甲冑を特徴づけるのはなんといっても、それが光輝く金色の甲冑ということである。この金色の甲冑を形作るためにはいくつかの技法が存在する。

　まず、銅板に鍍金することを金銅技法といい、その板を金銅板、それによる製品を金銅製品と呼ぶ。祇園大塚山古墳の甲冑や大仙陵古墳前方部の甲冑はこの金銅板のみで作られた金銅製甲冑である。

　一方、金銅板のみでは軟らかく変形しやすいので、甲冑や馬具などでは強度が不足する。しかし、鉄には鍍金ができないため、一定の強度を必要とするものを金色にするためには支持体としての鉄板の上に金銅板を張り合わせて用いる。これを鉄地金銅張技法といい、それによる甲冑を鉄地金銅製甲冑と呼ぶ。この金銅製、鉄地金銅製を合わせて、外観上金による鍍金装飾をもつ甲冑の総称を金銅装甲冑とする[2]。

　また、金銅装甲冑には金銅板の多寡による装飾度の違いが存在し、部分的に鉄地金銅製とするもの（部分金銅装）のほか、もっとも装飾度の高いもの

として全体的な金銅装飾を行う総金銅装がある。

　この金銅技法に代表されるように、古墳時代中期中葉にはそれ以前の日本列島には存在しなかった金属加工技術が朝鮮半島からの渡来系工人によって導入される。鉄板をより強固に結合する鋲留技法の導入はそのなかでも最も大きな変革である。また、新たな金工技術と一連のものとして透彫やタガネの蹴り彫による彫金文様表現も現れる。

　これらの新来の技法の導入とともに眉庇付冑・小札甲・籠手・臑当・多段錣・帯金具・馬具・胡籙・冠・耳飾りなどが新たな製品として現れる。各製品の出現はおおむね軌を一にし、また同時期には日本列島に須恵器生産や馬匹生産といったさまざまな文化・技術が渡来人たちによってもたらされており、それぞれが連動して後の時代にも大きな影響を与える新しい社会変革を引き起こしている。

　以下、詳述して行くが祇園大塚山古墳はまさにこの変革期を代表する甲冑を出土した古墳なのである[3]。

2. 眉庇付冑

　祇園大塚山古墳出土の眉庇付冑　この冑の最大の特徴は冑本体が銅板に鍍金を施した総金銅装とすることである。また、銅板のみでは冑としての強度が不足し機能的には不十分であるが、鉄地はなく金銅製である。この冑が実際の戦闘での機能性よりも、煌びやかに見せることをそもそもの目的として製作されたことがうかがえよう。

　さて、この眉庇付冑では庇部外縁に環状葉文を連続配置した透彫文様をもっている（図2）。同じ庇部文様をもつ眉庇付冑は他に類例が4点あり、それぞれはいずれもよく似た特徴を共有していることから、この一群の冑を筆者はⅠa型と分類し、また型式学的に他の眉庇付冑の祖型となる出現期資料と理解している（橋本1995）。

　それらをみると、いずれもが金銅装であることで共通する。さらに、細い竪矧地板を数多く用い、また蹴り彫文様や歩揺などの装飾を施すことなどでも相互の共通性が高い（表1、表2、図4-5・7・8、図9）。

祇園大塚山古墳の金銅装眉庇付冑と古墳時代中期の社会

表1 金銅装眉庇付冑一覧

装飾法分類	地域	古墳名	眉庇	受鉢	管	伏鉢	伏板	地板	胴巻板	腰巻板	鋲	型式	彫文	装飾
総金銅装	千 葉	祇園大塚山	●	●	●	*	●	●	●	●	●	Ⅰa	蹴	歩揺
	大 阪	大仙陵前方部	●	●	●	●	/	●	●	●	●	Ⅰa		歩揺
	大 阪	西小山	●	●	●	●		○	○	○		Ⅰa	蹴	四方白・歩揺
	福 岡	月岡①	○	/	○	○		○		○		Ⅰa		四方白・歩揺
	奈 良	五條猫塚①	●	●	●	*	●	●		●		Ⅱb	蹴	四方白蒙古鉢
	三 重	佐久米大塚山	●	●	●	●	○	○		○		?		
	福 井	向出山1号①		●		●	○	○		○		Ⅳb		歩揺?
部分金銅装A	長 野	妙前大塚	○	●	○			○		○		Ⅱb	蹴	四方白
	奈 良	五條猫塚③		/								Ⅲb		
	奈 良	五條猫塚②	○	●	○			○		○		Ⅲb		四方白
	大 阪	御獅子塚	○	●								Ⅱa		
	滋 賀	塚越	/	/	/			/		/	/			
	鹿児島	神領10号	/	○		/								
部分金銅装B	兵 庫	小野王塚		○	○				○			/		腰巻前額金銅板
	福 岡	稲童21号		○	○				○			Ⅳb	打出	腰巻前額金銅板・金銅製歩揺付立飾
	福 岡	月岡⑤	/	/	/	/		/		/				腰巻前額金銅板
	福 岡	月岡⑧?	/	/	/	/		/		/				腰巻前額金銅板
頂部金銅装(含可能性)	福 井	二本松山		●	○	●						Ⅱb		歩揺
	福 井	向出山1号②		●		●								
	島 根	鳥木横穴墓	○	●	○									
	福 井	西塚												
庇金銅装	岡 山	一本松	○									Ⅰb?	蹴	
金銅冠付属	佐 賀	円山				*								金銅冠を前額鋲留
不明	群 馬	下芝谷ツ	/	/	/	/		/		/				
	香 川	津頭西	/	/	/	/		/		/				
	大 阪	北天平塚	/	/	/	/		/		/				

小林謙一1974をもとに改変作成　●　金銅装　○　鉄地金銅装　空白は鉄製
　　　　　　　　　　　　　*　伏鉢をもたない　/　欠損部ないし不明

金銅装眉庇付冑　眉庇付冑は衝角付冑や短甲など他形式の甲冑と比較して金銅装とするものが多い。表1は金銅装眉庇付冑の一覧であるが、本体を鉄地金銅製とするのが多く、金銅板の使用部位による分類が可能である。なかでも、Ⅰa型眉庇付冑はもっとも多く金銅装の部位をもつ総金銅装眉庇付冑に位置づけられ、さらに地板・胴巻板・腰巻板といった冑本体までも金銅製とするのは祇園大塚山例と大仙陵前方部例の二例のみである。

　ともに「見せる冑」であり、装飾性に特化したその構造からこれを実際の戦闘員の着用品とは見なし難い。とくに、日本列島史上最大の墳墓である大仙陵古墳からの出土の意味は重く、近畿中央政権でも最上位層の着用品であるとみなされる。祇園大塚山の冑の評価において一つの指標となろう。

地　板　冑の地板に使用される小札の枚数をみてみよう（表2）。もっとも

表2　眉庇付冑主要属性一覧

眉庇付冑名	地板枚数 計・上/下	地板枚数 左・上/下	地板枚数 右・上/下	地板形態	型式	鋲	金銅装
大阪・西小山	60/-	29/-	29/-	竪矧板	Ⅰa	4-I	総金銅装
千葉・祇園大塚山	57/-	27/-	28/-	竪矧板	Ⅰa		総金銅装
兵庫・小野王塚	56/56	27/27	27/27	小札	Ⅱa	3S-K	部分金銅装B
佐賀・夏崎	56/56	26/26	28/28	小札	Ⅰb		
福岡・月岡①	56/55	27/26	27/27	小札	Ⅰa	4S-(K)	総金銅装
奈良・五條猫塚③	54/54	27/	25/	小札	Ⅲb	(4)S-I	部分金銅装A
大阪・黒姫山⑨	53/50	25/23	26/25	小札	Ⅳa'		
奈良・五條猫塚②	52/52	25/25	25/25	小札	Ⅲb	?S-I	部分金銅装A
佐賀・西分円山	50/51	24/24	24/25	小札			金銅冠付属
大阪・御獅子塚第2主体	50/50	24/24	24/24	小札	Ⅱa	4-I	部分金銅装A
宮崎・下北方5号地下式	49/50	24/24	23/24	小札	Ⅱa	4S-I	
大阪・野中⑦	48/48	23/23	23/23	小札	Ⅳa	4-I	
福井・二本松山	46/48	22/23	22/23	小札	Ⅱb		頂部金銅装
滋賀・新開1号④	46/-	22/-	22/-	竪矧板	Ⅱa	4S-I	
神奈川・朝光寺原1号	44/44	21/21	21/21	小札	Ⅱa		
大阪・野中④	43/43	21/21	20/20	小札	Ⅱb	4-I	
滋賀・新開1号③	/	20/22	/	小札	Ⅰb	4-I	
滋賀・新開1号①	40/40	19/19	19/19	小札	Ⅳa	3S-I	
宮崎・村角	39/39	/	/	小札		2-I	
奈良・兵家12号	38/38	18/18	18/18	小札	Ⅲb	4S-I	
熊本・マロ塚①	37/37	17/17	18/18	小札	Ⅰb	5S-1	
群馬・鶴山	35/35	16/16	17/17	小札	Ⅱa'	3-I	
高霊・池山洞Ⅰ-3号	34/36	16/17	16/17	小札	Ⅱc	4-K	
三重・佐久米大塚山	32/	/	/	小札			総金銅装
大阪・女塚	(32/-)	(15/-)	(15/-)	竪矧板	(Ⅱb)		
伝釜山・蓮山洞	28/28	13/13	13/13	小札	Ⅱb	4-I	
奈良・五條猫塚①	26/26	12/12	12/12	小札	Ⅱb	4S-I	総金銅装
熊本・マロ塚②	24/24	11/11	11/11	小札	(Ⅱa)	2-I	
滋賀・新開1号②	21/-	9/-	10/-	竪矧板	Ⅲa	3S-I	
宮崎・六野原8号地下式	20/21	9/9	9/10	小札	Ⅱc	3S-K	
石川・無常堂	18/18	8/-	8/-	竪矧板	Ⅲa	2-I	
長野・妙前大塚	14/14	6/6	6/6	方形板	Ⅱb	2S-K	部分金銅装A
奈良・新沢139号	8/8	3/3	3/3	方形板	Ⅱb	2S-K	
大阪・黒姫山⑪	6/	2/	2/	方形板			
福岡・稲童21号	4/4	2/2	2/2	横矧板	Ⅳb	4S-K	部分金銅装B
山梨・豊富王塚	3/3	2/2	2/2	横矧板	Ⅳa	3-K	
福岡・永浦4号	2/2	1/1	1/1	横矧板	Ⅲb	3S-K	
金海・杜谷43号	1/2	/1	/1	横矧板	Ⅲb	2-K	
兵庫・亀山	1/1			横矧板	Ⅱc	4-K	

型式は橋本1995による。金銅装の分類は橋本2005による。
鋲の数字は段数、Sは袖鋲あり、Iは鉄折返し、Kは革覆輪。

地板枚数の多い冑はⅠa型の大阪府西小山古墳例であり、次いで祇園大塚山例である。

　地板枚数が多いということは、より幅狭な細い小札を使用しているということであり、その製作工程において冑一周を隙間なく一定の幅で重ね合わせることが非常に難しくなる。あえてより細い小札を選んで使うことに機能的な意味を見出すことは難しく、その細さが仕上げの丁寧さと連なる技巧を凝らした工芸品的価値や装飾としての美的感覚に結びついているものと考えられる。Ⅰa型を中心とする金銅装の冑に細い地板を用いる冑が多いのは、それらの価値を表しているのであろう。

　この点から見ても、祇園大塚山例は眉庇付冑の中にあってもっとも技術的にも洗練されたものの一つといえよう。なお、大仙陵前方部例も地板枚数の多い冑であろうが、現物の確認はできないため比較できない。

　彫金文様　Ⅰa型眉庇付冑の3つの冑、祇園大塚山例、西小山例、福岡県月岡古墳1号冑[4]には金銅板の部分に蹴り彫文様が施されている。蹴り彫の技術に関しては、朝鮮半島三国時代の金工技術にその系譜をたどることができ、渡来系工人によってもたらされたものと理解できるが、そこに施された文様に関しては、これまで朝鮮半島三国の事例に照らしても共通するものはなく、突如、眉庇付冑にのみ現れるものである。

　かつては新羅の陶質土器に見られる文様との共通性が指摘されたこともあるが［末永 1934：75］、それもわずかな特殊土器にみられるのみで、直接的な関係を指摘することは困難である。

　ここではあらためて、その意味を探るために具体的に文様を確認し、比較しよう。図3にその一覧を提示した。3つの冑に共通して採用されるのは魚文様である。そして鳥の文様が祇園大塚山例と月岡①例に共通する。また、四脚の動物が祇園大塚山例と西小山例に確認できる。

　これらを一覧すると、もっとも多くの画題を表現しているのが祇園大塚山例であり、そして月岡①例、西小山例の順に少なくなる。とくに祇園大塚山例の画題はカメや仔像を添えた動物、羽の拡げ方を変える3羽の鳥など具象性に富んでいる。これらの表現の元になる神話などを反映しているのとみる

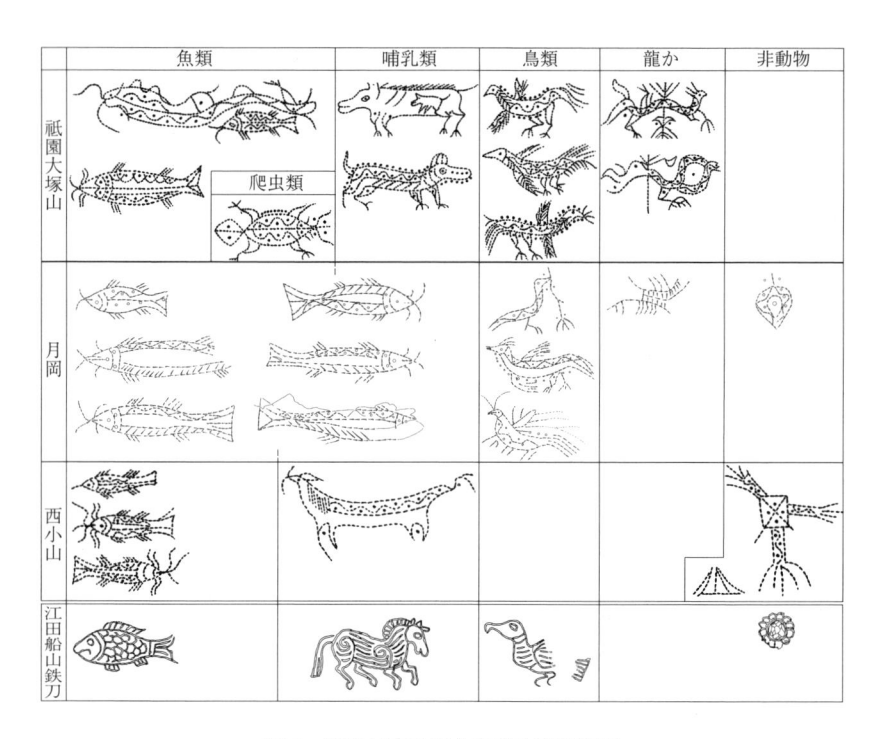

図3 眉庇付冑の彫金文様と関連資料

のが妥当であろう。

　月岡①例は祇園大塚山例と比べると画題が少なくバリエーションに欠けるものの、多彩な鳥の表現には背景となる物語の存在が反映されている可能性が考えられよう。ただし、文様構成はすでに形骸化しているようにみえる。一方、西小山例では画題と文様の数がさらに減少しており、魚以外の画は具象性から離れている。物語から一層離れて文様として刻まれているのではなかろうか。

　すなわち、これらの画を比較すると、種類も豊富で具象性の高い祇園大塚山例から、種類も数も少なくなり、具象性が乏しくなる西小山例への変移が読み取れ、その製作順を表している可能性が想定できる。西小山例は彫金文様を平板な庇部にのみ施しているが、これは祇園大塚山例や月岡例でみられる伏鉢や胴巻板への割り付け・施文が立体的かつ局面をもち難度の高いこと

に対する簡略化と理解できるだろう。さらに、正確かつ精細な描写で記録された大仙陵前方部出土例の絵図面に彫金文様の表現がないことからすれば、西小山例の次には彫金文様を施さなくなる大仙陵前方部例といった製作順が想定できよう。すなわち、これらは眉庇付冑の最初期の連続的な製作によるものと位置づけられる。なかでも祇園大塚山例は眉庇付冑最古の作品ということになる。

　そのほか関連するものとしては熊本県江田船山古墳出土の有銘鉄刀の刀身に象嵌技法によって表された魚・馬・鳥が挙げられる。器物・技法は異なるが画題としての共通性が高く、同源の世界観を表している可能性がある。また眉庇付冑文様のうち魚文は3つの冑で共通し、その数も多いことからもっとも主要な画題だとみなされる。象嵌の魚文は福岡県番塚古墳や奈良県珠城山1号墳の大刀にもあり、やはり共通性を見ることができる。古墳時代後期の大刀には魚佩を伴うものが現れることも関連する可能性を考慮して良いであろう。

　また、古墳時代後期には冠や飾履などの装身具に鳥形や魚形歩揺を伴うものがある。奈良県藤ノ木古墳の副葬品はその最たるもので、冠に鳥形歩揺、大刀に魚佩、飾履と金銅製半筒形品に魚形歩揺を伴っている。いずれも共通する物語を背景とした鳥や魚が象徴する神あるいは霊的な存在が身にまとう装身具や武器・武具に宿ることを表しているのであろう。

　祇園大塚山古墳出土眉庇付冑の評価　ここまで述べてきた祇園大塚山古墳の眉庇付冑に関してまとめると、庇部文様は最も初現的な形態であるⅠa型に位置づけられ、地板は非常に細い竪矧細板を数多く使い、また彫金文様は武装具にまつわる物語の原形を表現しているとみられる。まさに、祇園大塚山古墳の冑は古墳時代中期中葉に新形式として出現する眉庇付冑の最古資料であり、新たな武装の出現を象徴する一品といえるだろう。祇園大塚山古墳は採集須恵器からON46型式段階と位置づけられることが多いが、眉庇付冑は甲冑における鋲留技法出現段階、TK73型式段階の作品である。

　また、最古に位置づけられるこの冑にはそのデザインや技術に関する眉庇付冑のそもそもの出現意図や背景が端的に表現されている可能性が高い。

そのように考えると、この冑が金銅製であることにあらためて注目しなければならない。冑としての強度が保てないにもかかわらず金銅製であることは、この冑が本来、戦闘用武具として生み出されたものではなく、武具の姿をしながら保有者の身を煌びやかに飾る冠とも共通する装身の具としての役割を担っていたことを表していよう。

　これに関連して眉庇付冑の頂部に付属する受鉢にも着目しておきたい。受鉢の系譜は既存の武具に追えず、防御の機能を有さない完全な装飾である。祇園大塚山例はここに蹴り彫文様を施して歩揺も取り付けている。さらに、武具以外の金属製品に目を配ると朝鮮半島や中国東北地方などでは冠に付属するものを確認することができる（図4-1～4）。形態、取り付けの構造も共通し、これは冠の付属具から眉庇付冑のデザインに採り入れられたものとみるのが妥当である［橋本2012：423-424］。

　加えて、眉庇付冑に伴う心葉形や円形の歩揺にも注目しよう。祇園大塚山例では受鉢と庇部下に二孔一対の歩揺付孔が存在し、現存しないものの当初は歩揺が付属していたことがわかる。月岡①例では受鉢が欠損し頂部装飾の詳細は不明であるが、庇部下には心葉形歩揺を垂下している。西小山例は受鉢に歩揺付孔をもち庇部下に心葉形歩揺を垂下する。大仙陵前方部例は胴巻板に円形歩揺を伴い、福岡県稲童21号墳例は眉庇付冑に伴うとみられる樹状立飾りに円形歩揺がつく。佐賀県西分丸山古墳例でも眉庇付冑前額部に取り付けた冠装飾に歩揺付孔がある。

　同時期の東アジア各地域で歩揺を伴う金属製品は冠もしくは垂飾付耳飾りに絞られ、銅板を切り抜いただけの縁金や装飾をもたない小型の心葉形や円形歩揺は冠に系譜をもつ歩揺の可能性が高い。

　金銅製に始まり、受鉢や歩揺を付属し、彫金文様を施す諸属性は冠から採り入れられた要素とみなされよう。冑と冠との融合、すなわち武具と装身具を一体として融合したもの、それが眉庇付冑なのである。そもそも、このような朝鮮半島系のデザインや技術によって高い装飾性を表示するという性格を有するがために、眉庇付冑では他形式の甲冑に比して金銅装の製品が多く生み出されるに至ったものと考えられる。

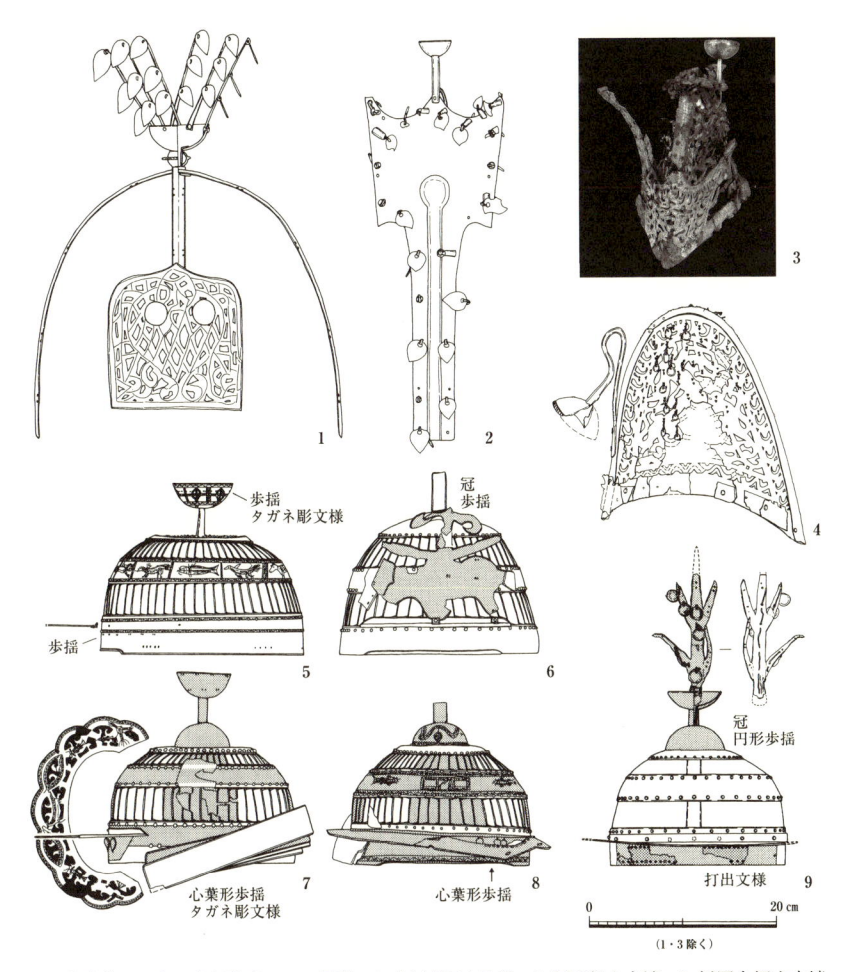

祇園大塚山古墳の金銅装眉庇付冑と古墳時代中期の社会

1. 馮素弗墓 2. 十二台郷磚廠88M1号墳 3. 水村里Ⅱ4号墳 4. 江田船山古墳 5. 祇園大塚山古墳
6. 西分円山古墳 7. 西小山古墳 8. 月岡古墳① 9. 稲童21号墳 （1はスケッチ図）

図4　受鉢・垂飾の系譜関連資料

　一方で大多数の眉庇付冑が鉄製品であり、倭系甲冑というべき帯金式甲冑の一形式として存在し、短甲や小札甲とセットなることからすれば、あくまでもその本質が半島系の形態技術と融合した倭製武具であることも間違いな

67

い。武具がその保有者の地位や職掌を表象する時代性を背景として、そこに半島から新来の渡来系技術を導入することで創出されたのである。

なお、祇園大塚山例と大仙陵前方部例はともに金銅製の眉庇付冑である。両者の冑は同格であり、そこに祇園大塚山古墳被葬者の性格を知る上での重要な鍵があるとみなされるが、これについては他の共伴甲冑の検討やその古墳時代中期社会における位置・意義とあわせて後に改めて言及したい。

3. 小札甲

金銅製と鉄製の小札甲　祇園大塚山古墳からの出土として伝わる小札甲には金銅製と鉄製の2領の甲がある（図5）。

その一つは金銅製小札甲で威孔は1列とし、腰札にS字型腰札を用いるものである。もう一つは鉄製小札甲で威孔は2列とし、胴部は各段威、草摺部は綴付威で、Ω字型の腰札・裾札を用いるものである。

その特徴からみてこの2領の小札甲には製作の時期差が認められる。前者にみられるS字型腰札は中期中葉、朝鮮半島から日本列島へもたらされた出現期の小札甲の特徴である。一方、後者のΩ字型腰札・裾札は中期後葉（TK208～23型式段階）以降に位置づけられるものである。このことから、金銅製の眉庇付冑と小札甲は共伴するセットとみることが妥当であるが、鉄製小札甲はこれらより後出する時期の製品である。

1891年の出土以降、東京国立博物館に所蔵されるまでの経緯については検証のしようがないが、小杉報告には鉄製甲の記載もあるので、他の古墳出土資料の混入を考慮しなくて良いとすると、祇園大塚山古墳では新古の甲冑がセットとして出土したか、もしくは被葬者を二人想定するかといったことが考えられる。前者の場合、古墳の築造時期は古墳時代中期後葉以降を想定することになるが、出土須恵器や埴輪から想定される築造期よりも遅くなり整合しないので妥当性は低い。よって、この古墳には追葬があり、二人の被葬者を想定することが妥当であろう。主たる石棺と併葬するもう一つの主体部を想定した方が良いのではなかろうか。

金銅装甲　古墳時代中期中葉の渡来系技術の甲冑への導入以後、さまざま

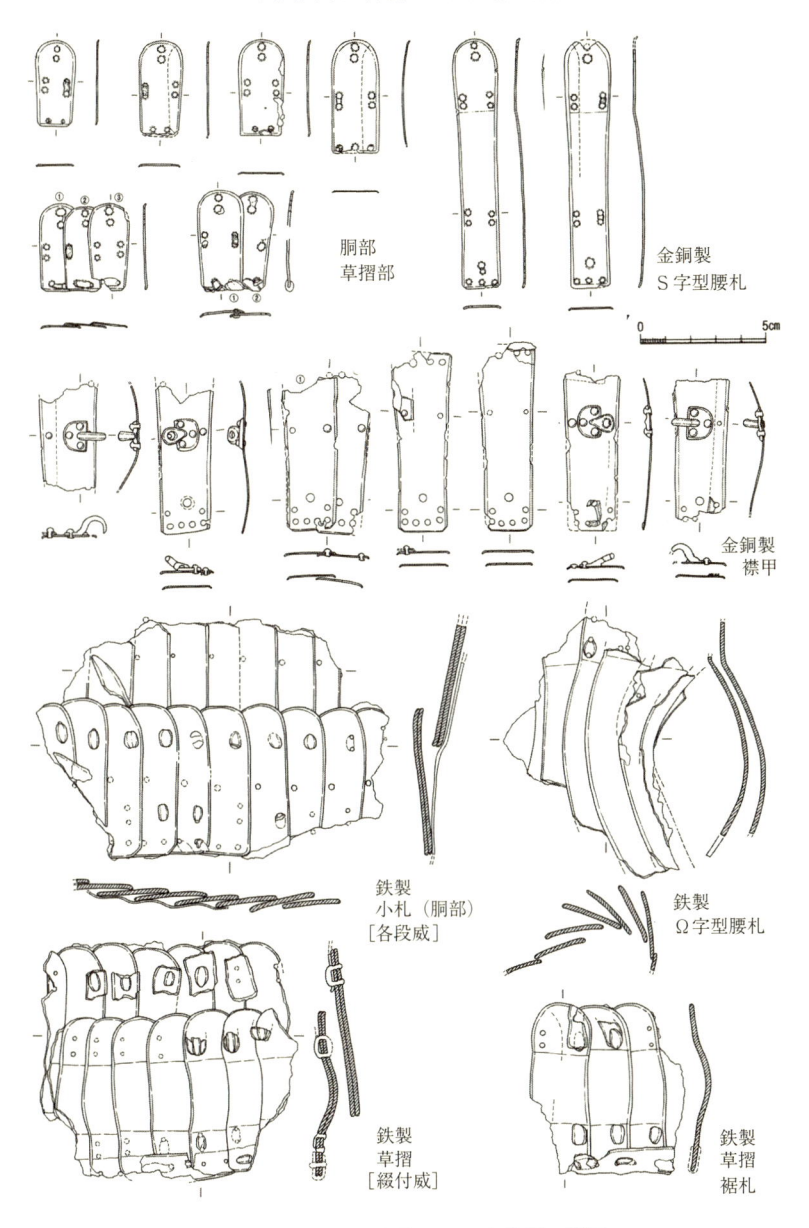

祇園大塚山古墳の金銅装眉庇付冑と古墳時代中期の社会

胴部
草摺部

金銅製
S字型腰札

金銅製
襟甲

鉄製
小札（胴部）
［各段威］

鉄製
Ω字型腰札

鉄製
草摺
［綴付威］

鉄製
草摺
裾札

図5　祇園大塚山古墳出土の小札甲・襟甲

表3 金銅装甲冑一覧

形式	古墳名	部位	型式
衝角付冑	旧御物 千葉・姉崎二子塚 大阪・野中	全体 地板 三尾鉄	横矧板鋲留 小札鋲留・四方白 革製
	百舌鳥大塚山（青銅製）	三尾鉄	三角板革綴
頸甲	奈良・五條猫塚 福井・向井山1号 奈良・塚山	全体 全体 引合板	
短甲	大阪・大仙陵前方部	全体	横矧板鋲留 （金銅製）
	徳島・田浦	地板・ 帯金 金銅被鋲	三角板鋲留 （鉄地金銅製）
	埼玉・四十塚		横矧板鋲留
付属品	大阪・七観東梛 岡山・一本松	帯金具 帯金具	変形板革綴 鋲留
小札甲	千葉・祇園大塚山 愛知・大須二子塚 大阪・桜塚女塚 和歌山・陵山 福岡・勝浦井ノ浦	小札 小札 小札 小札 小札	
付属品	奈良・掖上鑵子塚 奈良・五條猫塚	帯金具 帯金具	

形式	古墳名	部位	型式
短甲	群馬・鶴山 茨城・三昧塚 千葉・稲荷台1号 長野・鎧塚 京都・宇治二子山南 京都・坊主塚 大阪・唐櫃山 奈良・新沢173号 奈良・新沢510号 兵庫・亀山 岡山・正崎2号 岡山・勝負砂 島根・玉造築山 福岡・稲童8号 福岡・真淨寺2号 福岡・塚堂 宮崎・西都原4号 地下式 宮崎・小木原1号 地下式 鹿児島・蕨川 釜山・福泉洞112号	蝶番金具 （以下同じ）	横矧板鋲留
	奈良・後出3号第2主体		三角横矧板 併用鋲留

な金銅装甲冑が生み出されるが、しかし甲の金銅装は稀少である。眉庇付冑以外の金銅装甲冑を表3に示すが、短甲・小札甲のなかでも全体を金銅製とするのは祇園大塚山古墳の小札甲と大仙陵古墳前方部の横矧板鋲留短甲のみである。眉庇付冑以上に金銅製の甲は軟らかく武具としての実用性を有していない。装飾性を重視した象徴としての見せる甲冑であり、短甲と小札甲という違いはあるが、冑とともに甲を合わせたセットとしてみても祇園大塚山古墳の甲冑は大仙陵古墳前方部の甲冑と比肩しうる同様の性格をもつものであることが理解できよう。

4. 襟甲

祇園大塚山古墳では小札系甲冑としての頸部の防御具、襟甲がある（図5中段）。朝鮮半島から導入される渡来系の甲冑付属具で、なかでも祇園大塚山例が最古の資料である。その出現以後、後期後葉の奈良県藤ノ木古墳例まで断続的に存続するが、現状で10例しか確認されていない稀少資料である。

祇園大塚山例は篠札状の縦長板を鋲留で連接したもので、左右両側部分に釣壺蝶番が付されている。同様に釣壺蝶番をもつ襟甲には釜山市福泉洞11

号墳例がある（図6）。その共通
性は高いが、福泉洞11号墳例
は上端部を鉄包覆輪としており
祇園大塚山例が革覆輪という違
いがある。

　そして祇園大塚山例では襟甲
もまた金銅製である。金銅製襟
甲は朝鮮半島資料ではいまだ確
認されておらず、また金銅製自
体が甲冑には向いていないこと
からすれば、これは眉庇付冑・

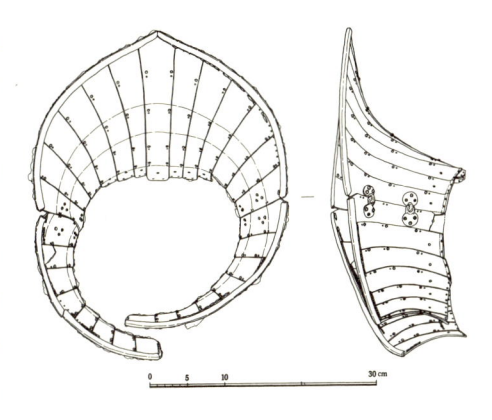

図6　福泉洞11号墳の襟甲

小札甲とともにセットとして当初から揃えられたものとみなされる。祇園大
塚山古墳の金銅製甲冑はその製作から埋納まで一貫してセットとして扱われ
ていたのである。古墳時代中期の甲冑セットのライフサイクルを考える上で
も非常に示唆的である。同様のことは大仙陵古墳前方部の甲冑セットにも当
てはまるだろう。

　また、祇園大塚山例の縦長板の高さが7cmほどであることも特徴である。
朝鮮半島出土の襟甲は15cm以上の高さをもつものが一般的である。これ
は初村武寛が指摘するように［初村2010：103-104］、半島では頸部を襟甲で
防御し、頬当や錣が襟甲の内側に収まるように大きく作られているのに対し
て、列島の帯金式甲冑では頸部を冑から垂下する錣で防御し、襟甲は錣の内
側に収まるように作られていることに拠る。そのため衝角付冑や眉庇付冑を
被る場合、襟甲は低く反りの少ないものとなる。

　祇園大塚山古墳で襟甲が出現して以降、なかには熊本県楢崎山5号墳例の
ように襟の高い半島からの舶載品とみられるものも存在するが、概ね列島で
は低く反りの少ないものが存在する。さらにその形態デザインは採用しつつ、
札板を用いない鉄板造りのものも出現し、小札系付属具からの乖離が進行す
る。半島系甲冑でありながら列島での改変は出現期の祇園大塚山例の段階か
ら指向していたといえよう。

71

祇園大塚山　姉崎二子塚

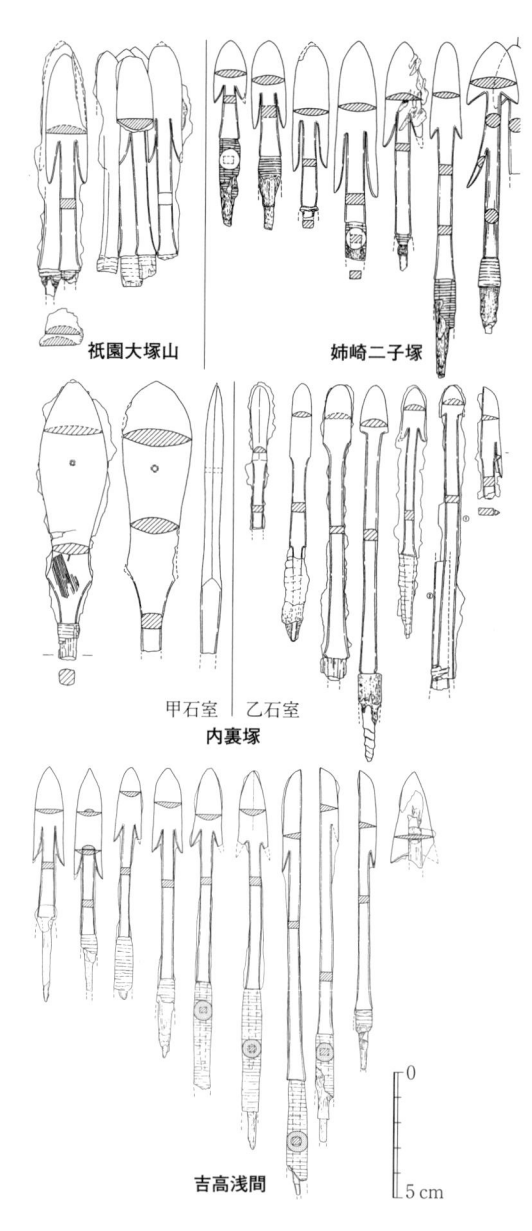

甲石室｜乙石室
内裏塚

吉高浅間

0
5 cm

図7　祇園大塚山古墳出土鉄鏃と関連資料

5. 武器・武具セットとしての評価

祇園大塚山鉄鏃の評価　祇園大塚山古墳出土では甲冑セット以外にも武器としての鉄鏃が出土しているのであわせてその編年的位置づけを確認しておこう（図7）。この鉄鏃は片丸造りの腸抉柳葉鏃で頸部は長頸化傾向にあるが短頸鏃の範疇で捉えられる。

同型の鉄鏃は福井県天神山7号墳、広島県亀山1号墳などに見ることができ、大阪府野中古墳でも比較的近似する型式の鉄鏃が出土している。また、近隣の市原市姉崎二子塚古墳、印西市吉高浅間古墳でも同型に属する短頸腸抉長三角鏃が出土している。

吉高浅間古墳はやや新しい時期の須恵器（TK23型式）が共伴しているが、それ以外の古墳はいずれも甲冑における鋲留技法出現期、すなわち古墳時代中期中葉（TK73〜216型式段階）を中

心に位置づけられる。このことから祇園大塚山古墳出土の鉄鏃は金銅製甲冑セットと本来から共伴するものとして矛盾はない。

　祇園大塚山古墳と姉崎二子塚古墳、内裏塚古墳　姉崎二子塚古墳出土の鉄鏃には大きく4型式あり、その中には祇園大塚山古墳のものより古相のものも含んでいるが、一方で、独立片逆刺をもつ長頸腸抉三角鏃は祇園大塚山古墳の鉄鏃よりも後出するものである。姉崎二子塚古墳出土の鉄鏃が単一の埋葬施設に伴うものと限定できるのかは判断できないが、TK216型式段階を中心としてその前後段階に位置づけられる。

　これらの鉄鏃からみて、同じく上総の中期大型前方後円墳である富津市内裏塚古墳が姉崎二子塚古墳と同時期で、祇園大塚山古墳に先行するという見解がある［田中1995：277］。内裏塚古墳甲石室出土の鳥舌鏃は姉崎二子塚・祇園大塚山両古墳の鉄鏃よりも古相である。一方、乙石室の長頸鏃は姉崎二子塚・祇園大塚山古墳に先行するものではない。甲石室の鉄鏃によって内裏塚古墳が二古墳より先行するとみることも可能ではあるが、乙石室は祇園大塚山古墳と同時期から新しい段階のものを含み、姉崎二子塚古墳と同様の時間幅をもっている。

　また、姉崎二子塚古墳と祇園大塚山古墳に共通して比較可能な鉄鏃からみるとその先後関係は明確にはしがたい。また鉄鏃型式が一種であることをバリエーションの多い姉崎二子塚古墳より後出するものとみる見解もあるが［白井2012：53］、バリエーションが時期を示す根拠にはなり得ないし、また現存資料が本来の副葬鏃セットの全容を明らかにしている保証もない。

　以上の三古墳の鉄鏃を筆者は、内裏塚古墳甲石室がTK73（～216）型式段階、祇園大塚山古墳がTK73～216型式段階、内裏塚古墳乙石室がTK216～208型式段階、姉崎二子塚古墳がTK73～208型式段階に位置づけられるものと理解する。鉄鏃各型式の盛行期には若干の時間幅をもつので、厳密な先後関係を求めにくく、むしろ内裏塚古墳甲石室被葬者がやや先んじるものの近接する世代内で入手できる鉄鏃であろう。

　三古墳の墳丘長は内裏塚古墳が148m、姉崎二子塚古墳が墳丘長114m、祇園大塚山古墳が110～115mである。この中では内裏塚古墳が大きいが、

姉崎二子塚古墳と祇園大塚山古墳はほぼ同規模で、いずれも大型前方後円墳である。

また、鉄鏃型式以外にも、姉崎二子塚古墳と祇園大塚山古墳には共通性がある。姉崎二子塚古墳出土の冑は他に例のない金銅装（四方白鉄地金銅製）の衝角付冑である。これは破片となり、一部しか残らないため詳しい検討はできないが鋲留技法出現期に位置づけられる稀少品である。また、両古墳は銀製垂飾付耳飾りをもつことでも共通する。中期中葉の垂飾付耳飾りはきわめて稀少であるにもかかわらず、同じ上総地域で出土していることは特筆に値する。両古墳の被葬者はきわめて近しい関係にあるとみなしてよい。

これらの武器・武具の保有はその社会的活動や性格も近似していたことを反映しているのではなかろうか。むしろ、三古墳の被葬者達は同世代ないしは近接する時期に近畿中央政権の政治・軍事の一翼を担うような活躍を果たした可能性が高く、その一体性にこそ地域的な特質があると考える。

6．おわりに

近畿中央政権と祇園大塚山古墳の被葬者　話題を甲冑に戻し、これまでの検討をまとめよう。まずは、その製作地の問題から確認しておこう。本稿のはじめに述べたように古墳時代中期の鉄製甲冑なかでもとくに帯金式甲冑と呼ばれる横方向の帯金鉄板を軸に地板を配置して製作される甲冑は、現状でその製作遺跡が確認されておらず具体的な工房の姿を明らかにはできない。

しかし、考古学的な状況証拠からはこの時代の近畿中央政権のもとで製作され、政治的関係を背景として配布されたものとみるのが妥当である。それは、第一にこの甲冑が広く九州南部から北関東にまで分布するものの地方様式が存在しないこと、第二にその分布の中心が古市・百舌鳥古墳群を中心とする近畿中央部に集中することに拠っている。

古墳時代中期の最大規模墳が造営された古市・百舌鳥古墳群はこの時期の日本列島の政治中枢であり、その古墳被葬者は倭王とその政権を支えた王族やそれに連携した近親の有力首長層であろう。甲冑はこの政権の管理する工房で製作され、配布されたものとみなして良い。

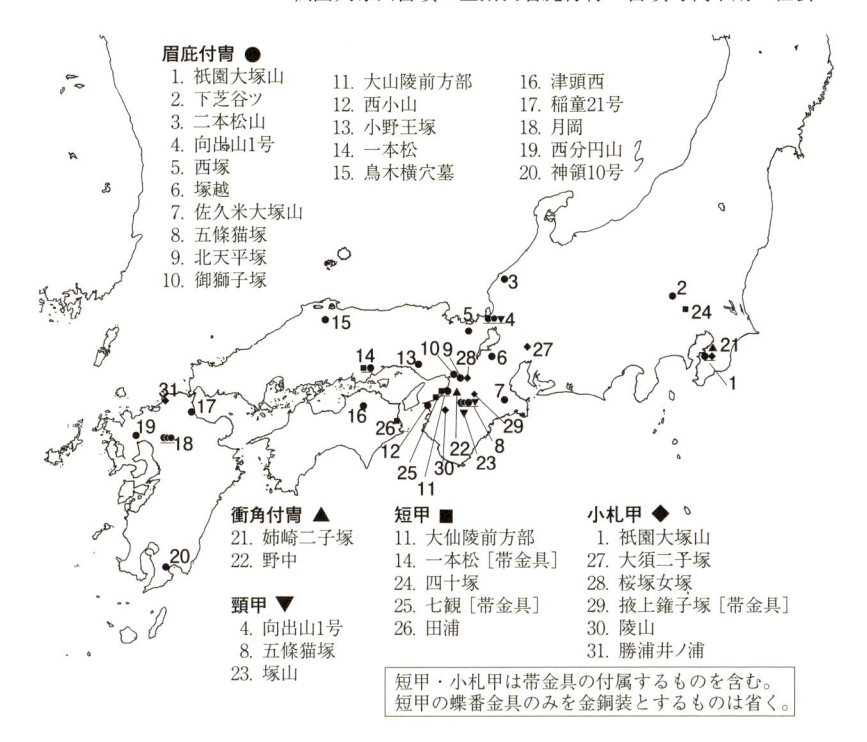

祇園大塚山古墳の金銅装眉庇付冑と古墳時代中期の社会

眉庇付冑 ●
1. 祇園大塚山
2. 下芝谷ッ
3. 二本松山
4. 向出山1号
5. 西塚
6. 塚越
7. 佐久米大塚山
8. 五條猫塚
9. 北天平塚
10. 御獅子塚
11. 大山陵前方部
12. 西小山
13. 小野王塚
14. 一本松
15. 鳥木横穴墓
16. 津頭西
17. 稲童21号
18. 月岡
19. 西分円山
20. 神領10号

衝角付冑 ▲
21. 姉崎二子塚
22. 野中

頸甲 ▼
4. 向出山1号
8. 五條猫塚
23. 塚山

短甲 ■
11. 大仙陵前方部
14. 一本松［帯金具］
24. 四十塚
25. 七観［帯金具］
26. 田浦

小札甲 ◆
1. 祇園大塚山
27. 大須二子塚
28. 桜塚女塚
29. 披上鑵子塚［帯金具］
30. 陵山
31. 勝浦井ノ浦

短甲・小札甲は帯金具の付属するものを含む。
短甲の蝶番金具のみを金銅装とするものは省く。

図8　金銅装甲冑の分布

　甲冑は古市・百舌鳥古墳群の被葬者、大王から各地の地域首長にまでも同形品が共有されている。その共通形態の広域普及には、戦時における機能的な側面よりも、軍事権を背景とした大王を中心に結びつく紐帯、政権内での地位や職掌を表示するアイテムとして重要であったと考えられる。
　そのなかでも、金銅装甲冑は中期前半からの在来的形態・技術の継承の上に新たな渡来系の形態・技術を加えることで生み出されたものであり、渡来系工人を掌握した近畿中央政権下における工房の革新を経て創出に至ったものと考えられる。そして、その稀少性と際立つ外観からすれば、保有者の政権との特別な関係を表出していると考えるのが妥当であろう。
　なお、金銅装甲冑の分布をみると（図8）、これらが必ずしも政権中枢部に分布が集中していないのは、古市・百舌鳥古墳群の大型古墳で副葬品の判明

する事例が少ないことへの考慮が必要であるが、それとともにこの甲冑は近畿中央政権との近しい関係を表示するという外観の特性を発揮する場で活躍する首長層に配布されたことが考えられる。それは外的な要素を多く採り入れるという性格上、半島情勢に関わる活動であった可能性があるだろう。

さて、祇園大塚山古墳の甲冑では、その金銅製甲冑セットという組み合わせが大仙陵古墳前方部石室にしか類例がないということが最大の特質である（図9）。列島最大の巨大古墳の被葬者の一人と同様の特殊な甲冑を保有するということは祇園大塚山古墳の被葬者が政権内で大王にきわめて近い地位にあることを表示している可能性が浮かび上がる。

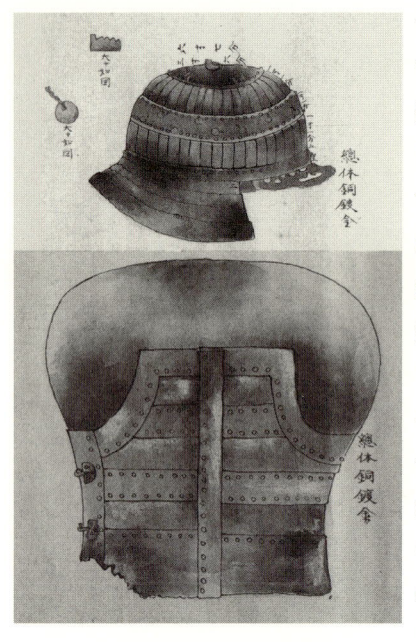

図9　大仙陵古墳前方部の金銅装甲冑

すなわち、祇園大塚山古墳出土の金銅製甲冑に関しては近畿中央政権との関係の元で一地方の有力首長に配布されたというような評価では不十分であろう。地方首長への配布というよりもむしろ、政権内部に列する地位を得るような人物、その甲冑配布に関わる政治体制の中心にいる人物を想定すべきである。

とはいえ一方で、大型前方後円墳を築く地域首長という性格も備えており、政権中枢に関与して、とくに東国経営に関わるネットワークの要として期待され、かつその力量をもった人物であろう。

例えば倭王珍とともに将軍号の除正を認められた倭隋等13人の一人、あるいは倭王済の遣使の際に軍郡23人として叙位されるような政権の地方支配を担う主要メンバーなどが想定されるのではなかろうか。

東アジア社会のなかので　高句麗・加耶・新羅の古墳の一部には金銅装甲

冑がみられるが、その保有者は王やそれに近いクラスの人物が想定される。おそらく朝鮮半島諸国でも金銅装甲冑はその高い装飾性から特殊な地位を表すものとして意識されていたと思われる。そのような知識に基づきながら新たな渡来工人の参入を経て列島の甲冑へも金銅装が採用されたことは想像に難くない。

　古墳時代中期の甲冑には多くの装飾的要素がみられるが、なかでも眉庇付冑を代表とする金銅装甲冑の装飾性は対外的な見栄えを意識して生み出された可能性が高いのではなかろうか。

　倭の甲冑の装飾的要素の多さは、特異なほど大量に古墳へ副葬が行われることと一連の、甲冑が政治的な意味をもった古墳時代中期という時代の特性を表している。上総にあって内裏塚古墳、姉崎二子塚古墳被葬者とともに躍動し、近畿中央政権の一翼を構成する力量をもち、政権内の最上位層としての地位にまで上り詰めた祇園大塚山古墳の被葬者は、まさに新たな一時代を画する存在だったであろう。

註
(1) なお、ここでは従来、挂甲と呼ばれた小札づくりの甲冑は、小札甲と呼んでいる。近年の甲冑研究では「小札甲」の語が主流になりつつある。
(2) 末永雅雄は金銅装、鉄地金銅装の語を用い、装は製と同義に使用している（末永1934）。一方、小林謙一は金銅製と鉄地金銅張製をあわせて金銅装と呼んでいる。すなわち、「金銅装」を大分類とし、それに金銅製と鉄地金銅張製を含んでいる（小林謙1974, pp. 64）。また野上丈助も金銅製・鉄地金銅製両者の眉庇付冑を指して金銅装眉庇付冑と呼んでいる（1975, pp39-41）。筆者はこれを受けた名称を用いている。
(3) 祇園大塚山古墳に関しては採集された須恵器甕からON46型式段階という位置づけが広く行われているが、ここでは須恵器に左右されず武器・武具、鉄器研究の立場として時期を位置づけている。また筆者は全国的な古墳編年としてON46型式段階という時間幅が設定できるのかも確信をもっていない。少なくとも西日本の古墳編年では一般的にこの段階は設定されていない。
(4) 以下、○号冑は①のように○付き数字で表す。

引用文献

内山敏行 2006「古墳時代後期の甲冑」『古代武器研究』7　古代武器研究会

内山敏行 2008「小札甲の変遷と交流―古墳時代中・後期の繊孔2列小札とΩ字型腰札」『王権と武器と信仰』　同成社

小杉榲邨 1898「上古の甲冑」考古学会雑誌2-4　考古学会

小杉榲邨 1899「武器部類」『好古類纂』1-1

小林謙一 1974「甲冑製作技術の変遷と工人の系統（上）」『考古学研究』20-4　考古学研究会

清水和明 1993「挂甲　製作技法の変遷からみた挂甲の生産」『甲冑出土古墳にみる武器・武具の変遷』　第33回埋蔵文化財研究集会　埋蔵文化財研究会

白井久美子 2012「古墳の様相」『研究紀要』27　（財）千葉県教育振興財団文化財センター

末永雅雄 1934『日本上代の甲冑』　岡書院

田中新史 1995「古墳時代前半の鉄鏃（一）」『古代探叢Ⅳ』　早稲田大学出版部

千葉県史料研究財団編　2002『千葉県史編さん資料　千葉県古墳時代関係資料』　千葉県

野上丈助 1975「甲冑製作技術と系譜をめぐる問題点（上）」『考古学研究』21-4　考古学研究会

橋本達也 1995「古墳時代中期における金工技術の変革とその意義―眉庇付冑を中心として―」『考古学雑誌』80-4　日本考古学会

橋本達也 2012「東アジアにおける眉庇付冑の系譜―マロ塚古墳出土眉庇付冑を中心として―」『国立歴史民俗博物館研究報告』第173集　国立歴史民俗博物館

村井嵓雄 1966「千葉県木更津市　大塚山古墳出土遺物の研究」『MUSEUM』189　東京国立博物館

図版出典

図1：小杉1899　図2：村井1966（再トレース）・末永1934

図3・図8：橋本作成　図4：橋本2012

図5・図7：千葉県史料研究財団編 2002

図6：釜山大学校博物館 1983『東萊福泉洞古墳群Ⅰ』

図9：堺市博物館 2005『百舌鳥古墳群と黒姫山古墳』

祇園大塚山古墳の金銅装眉庇付冑と古墳時代中期の社会

眉庇付冑出土古墳一覧表

	県	古墳名	所在地	墳形・規模	甲	冑	頚	肩	付属具等／備考
1	茨城	武具八幡	土浦市下坂田	円・15	横鋲短	小鋲衝	1	1	
2	群馬	鶴山	太田市鳥山八幡	前方後円・102	小札甲	小鋲眉	2	2	篭手
					長革綴	小鋲衝			
					横鋲短				
3		下芝谷ツ	高崎市箕郷町下芝	方・20	小札甲	眉（金銅装）			篭手2
4	千葉	祇園大塚山	木更津市祇園	前方後円・100	小札甲（金銅装）	堅細鋲眉（金銅装）			横甲・小札
5	神奈川	朝光寺原1号	横浜市緑区市ケ尾	円・37	三鋲短	小鋲眉	1		
6		豊富王塚	中央市大鳥居	帆立貝・61.2	横鋲短	横鋲眉			横甲
					小札甲				
7	長野	開き松	松本市放光寺			小鋲眉			
8		妙前大塚	飯田市松尾	円・30	横鋲短	小鋲眉（金銅装）	1	1	
9	石川	西山3号	能美市高塚町	円・22	三鋲短	小鋲眉	1	1	篭手
10		和田山5号(A槨)	能美市和田	前方後円・63	三鋲短	堅細鋲眉			
11		和田山5号(B槨)			三鋲短				
		後山無常堂	小松市道田町	円・24	三革短	小鋲衝	1	1	
12	福井	西塚	三方上中郡若狭町脇袋	前方後円・74	横鋲短	小鋲衝（金銅装）			
13		向出山1号(1号石室)	敦賀市吉河	円・60	冑（金銅装）	小鋲眉（金銅装）	1	1	（顎金銅）
14		向出山1号(2号石室)			小鋲眉（金銅装）	横鋲眉	1		
15	岐阜	二本松山(1号石室)	吉田郡永平寺町松岡吉野堺	前方後円・90	三鋲短	小鋲衝	1		脇当
16		南有背	関市下有知	造出付円・25.6	鋲短	眉？			
17	三重	八重田16号	松阪市大重田町大谷口	方・16	三鋲短	小鋲眉	1		
18		松久米大塚山	松阪市佐久米大見	前方後円・45	三鋲短？	小鋲眉（金銅装）			
19	滋賀	塚越	甲賀市水口町泉	方・45	三鋲短	小鋲眉（金銅装）	1	1	篠状鉄札
		新開1号(南遺構)	栗東市安養寺	円・36	三革短	三革眉	2	2	三尾鉄
20					長革短	堅鋲眉			篭手
21					変鋲短	堅鋲眉			胸当
22					三鋲短	小鋲眉			膝当
23						小鋲眉			
24	京都	大枝	京都市右京区大枝	?	小札甲	小鋲衝			
25		巡礼塚	京都市右京区上桂山田	前方後円・50	三革繋短	三革衝			
	大阪	百舌鳥大塚山(1号施設)	堺市上野芝町4丁目	前方後円・168					

79

26	百舌鳥大塚山(2号施設)			三革短	三革衝		1	三尾鉄(青銅)
				三革短			1	鉄草摺
				三革短				膝当
	百舌鳥大塚山(3号施設)			小札甲	衝			
	百舌鳥大塚山(6号施設)							
27	大山(前方部)	堺市大仙町	前方後円・486	横鋲短(金銅装)	小鋲眉(金銅装)			
28	城ノ山	堺市百舌鳥西之町１丁目	前方後円・77	短甲	眉		1	
				小札甲	衝			
29	西小山	泉南郡岬町淡輪	円・40	変形短(三角)	小鋲眉		1	(一段鋲)
					革製衝			篠状鉄札
	黒姫山(前方部)	堺市美原区黒山	前方後円・120	小札甲			11	鉄草摺
30				三鋲短	横鋲衝		12	鉄草摺
31				三鋲短	横鋲衝			鉄草摺
32				三鋲短	横鋲衝			三尾鉄
33				三鋲短	横鋲衝			三尾鉄
34				三鋲短	横鋲衝			三尾鉄
35				三鋲短	鋲衝			
36				横鋲短	鋲衝			
37				三鋲短	小鋲眉			
38				横鋲短	横鋲眉			
39				横鋲短	小鋲眉			
40				横鋲短	方鋲眉			
41				三鋲横短	方鋲眉			
42				鋲短	鋲衝			
	黒姫山(後円部)				鋲衝			
43	野中	藤井寺市野中	方・28	三鋲短	小鋲眉		7	鉄草摺
44				三鋲短	小鋲眉		8	
45				三鋲短	小鋲眉			

祇園大塚山古墳の金銅装眉庇付冑と古墳時代中期の社会

No.	地域	古墳名	所在地	形状・規模	短甲	冑	数	備考
46		唐櫃山	藤井寺市国府	帆立貝・53	三鋲短	小鋲眉		
47					三鋲短	小鋲眉		
48					横鋲短	小鋲眉		
49					横鋲短	小鋲眉		
50					三革綴短	革製衝		三尾鉄（金銅装）
					三革綴短	革製衝		三尾鉄（金銅装）
					三革綴短	革製衝	2	三尾鉄（金銅装）
51		川西	富田林市双葉	不明	三鋲短	小鋲衝	2	
52		東大阪市上六万寺往生院蔵			横鋲短	小鋲眉		
53		弁天山D4号	高槻市奈佐原	円・20	横鋲短？	柊葉鋲眉		
54		御獅子塚（第1主体）	豊中市南桜塚2丁目	前方後円・45	三鋲短	眉	1	篠竜手・小札
55		御獅子塚（第2主体）	豊中市南桜塚2丁目	前方後円・55	？鋲短	小鋲衝	1	三尾鉄
56		北天平塚（第1主体）	豊中市南桜塚3丁目	不明	変鋲短（三角）	小鋲衝（金銅装）	1	
57		北天平塚（第2主体）			短甲	眉（金銅装）	1	
					小札甲	衝		
					短甲			
					短甲			
					短甲			
58		女塚	豊中市南桜塚1丁目	不明	小札甲（金銅装）	小鋲眉		
					横鋲短			
59	兵庫	西神ニュータウン第87号地点古墳	神戸市西区平野町繁田	円	革短	小鋲眉		
60		雲部車塚	篠山市東本荘	前方後円・140	革短	三鋲衝（異形）	1	三尾鉄（多段鋲） （三角板鋲留鋲） （2段鋲）
					（鋲短）	革衝		
					（短）	（小鋲眉）		
61		小野王塚	小野市王子町宮山	円・45	長革短	小鋲眉（金銅装）	1	
62		亀山（第1主体）	加西市笹倉町亀山	円・約40	横鋲短	横鋲眉	1	竜手・小札・草摺
		亀山（第2主体）			横鋲短			
63	奈良	円照寺墓山1号（粘土槨）	奈良市山町円照寺襲山	円・約13	三鋲短	小鋲衝	3	襟甲1
64					三鋲短	小鋲衝（幅広）		筒竜手1 草摺 膝当
65					横鋲短	？鋲眉	3	鉄製平札

66					三革繋短			三革繋は5領以上 その他小札 錣
					三革繋短			
					三革繋短			
					三革繋短			
67		円照寺墓山1号(小石室)	奈良市山町円照寺裏山	円・約8	小札甲	縦長板革綴		
		円照寺墓・円照寺裏山2号	奈良市山町円塚裏山		三革繋短			
68		ベンショ塚(第1埋葬施設)	奈良市山町円塚廻	前方後円・70	三鋲短	小鋲眉		
69		ベンショ塚(第2埋葬施設)	橿原市鳥屋町ほか	方・約23×20	三鋲短	方鋲眉	1	
70		新沢千塚139号	葛城市山山	帆立貝・17	三鋲短	方鋲眉	1	
71		烏ノ山2号(忍海小学校内蔵)	葛城市兵家	円?	長鋲短	小鋲眉	1	1
72		兵家12号	五條市西河内町	方・約32	三鋲短	小鋲眉(金銅装)	1	(頭、金銅)
73		五條猫塚(石室内)			小札甲	小鋲眉(金銅装)・金銅装		篠状鉄札
74		五條猫塚(石室外)			小札甲	小鋲眉(湾曲縦長・金銅装)		膊当
75	鳥取	湯山6号	鳥取市福部町湯山	円・13	三鋲短	小鋲眉		
76	島根	鳥木横穴墓(古曳谷墓)	安木市鳥木町	横穴墓	鋲留(帯金具付)	小鋲眉(金銅装)		
77	岡山	一本松	岡山市北区北方	前方後円・65	横鋲短	眉(金銅装)		
78	香川	大井七つ塚4号	さぬき市大川町富田西	円・20	横鋲短	衝	1	
79		津頭西(蛇塚)	綾歌郡綾川町小野字津頭	円・7	短甲			
80	愛媛	岩有赤坂	西予市宇和町岩木赤坂	円・16	三革短	小鋲眉(金銅装)	1	
81	福岡	月岡	うきは市吉井町若宮	前方後円・80	三鋲短	小鋲眉(金銅装)	8?	膊当
82					三鋲短	横鋲眉	8?	頭甲には革・鋲両者
83					三鋲短	小鋲眉		小札肩甲1以上含む
84					三鋲短	小鋲眉		篭手
85					三鋲短	小鋲眉(金銅装)		鉄草摺
86					三鋲短	小鋲眉?		
87					三鋲短	小鋲眉		
88					三鋲伸用短	小鋲眉		
89		永浦4号	古賀市永浦	円・30	三革短(三角)	横鋲眉	1	膊当
90		稲童21号	行橋市稲童	円・22	横鋲短	小鋲眉	小	
91	佐賀	夏崎	伊万里市東山代町日尾	円・24	変鋲短	小鋲眉(金銅装)		
92		円山	小城市三日月町織島	円・46	変鋲短(小札)	三鋲衝(小型)	1	

祇園大塚山古墳の金銅装眉庇付冑と古墳時代中期の社会

93	熊本	伝佐山	玉名市繁根木	円・35		小鋲眉	1		板錣手1対
94						小鋲眉			
95						冑			(眉甲の多くヽ欠
96		慈恩寺経塚	熊本市植木町米塚	円・44	革短	鋲眉			失、本来3か)
97		マロ塚	熊本市植木町古閑	円・15	横鋲短	小鋲眉	3		
98					小鋲眉				
99		鬼塚	宇城市三角町戸馳	円・14	三革短?	小鋲衝			
100	宮崎	浄土寺山	延岡市大貫町	前方後円・34.5	長革短	三革眉			(二段鋲)
101		猪の塚の地下式	東諸県郡国富町木庄	地下式横穴墓	三鋲短	堅鋲眉			
102		六野原8号地下式	東諸県郡国富町三名	地下式横穴墓	横鋲短	小鋲眉			
103		六野原10号地下式	東諸県郡国富町三名	地下式横穴墓	鋲短	小鋲眉			
104		下北方5号地下式	宮崎市下北方	円・22	鋲短	小鋲眉			
105		村角所在古墳	宮崎市村角	?	革短	小鋲眉		1	
106		高城駅出土	都城市高城町	地下式横穴墓?	鋲短	小鋲眉	1?		
107	鹿児島	神領10号	曽於郡大崎町	前方後円・55	鋲短	革鋲衝	1	1	篠状鉄札
						(鋲眉(金銅装))			

眉庇付冑の可能性ある冑片出土古墳（衝角付冑と区別の付かないもの）

	京都	聖塚	綾部市多田町取畦	方・50	革甲	鋲冑	1		鋲
		芭蕉塚	城陽市平川茶屋裏	前方後円・161	短甲	鋲冑	1?	1?	
	兵庫	兼田3号	姫路市平田宇丸山・横山	円・10		鋲冑?	1		
	奈良	市尾今田2号	高市郡高取町市尾	円・約22	三鋲短	小鋲?	1	1?	革草摺?
		寺口今口	葛城市寺口	?	三鋲短				
	岡山	鹿歩山	瀬戸内市牛窓町鹿忍東	前方後円・84	三鋲短	小鋲(眉)	1	1	
	福岡	百合ヶ丘16号	京都郡苅田町新津	円・19	(三鋲短)	鋲眉			篠状鉄札小札(肩甲or眉)
	熊本	江田船山	玉名郡和水町江田	前方後円・62	横鋲衝	横鋲衝	1	1	鋲3組
		上生上ノ原4号	合志市上生	円・10	変鋲短(三角)	(三鋲短)	1		多段鋲
		カミノハナ1号	上天草市松島町合津	円・13.2	三鋲短	冑	1		鋲
	大分	葛原	宇佐市葛原	円・53	三鋲短	鋲冑			
	宮崎	下那珂馬場	宮崎市佐土原町下那珂	前方後円・73	(三鋲)短	(鋲冑)	1		

・市町村名は2010年3月現在

83

祇園大塚山古墳出土の垂飾付耳飾

— 5、6 世紀における東日本地域と朝鮮半島の交渉—

高田貫太

はじめに

　日本列島の古墳から出土する垂飾付耳飾は、5世紀中葉から6世紀前半頃までの朝鮮半島諸地域との何らかの関係を表象する副葬品である。それらの系譜や入手・流通過程の解明は、当時の日本列島諸地域が朝鮮半島のどの地域とどのような性格の交渉を行っていたのかを検討するための糸口となる。そのため、古くから様々な検討が行われてきた。

　千葉県木更津市祇園大塚山古墳の出土遺物の中にも、垂飾付耳飾（図1-1）が含まれている。その系譜や入手過程を検討することは、当時の日朝関係あるいは列島内の地域間関係の側面から、古墳の被葬者像を浮き彫りにすることにつながるであろう。

　本稿ではまず、祇園大塚山古墳の垂飾付耳飾の系譜、すなわち朝鮮半島のどの地域との関わりがうかがえるかについて検討する。次に、朝鮮半島の側からみた垂飾付耳飾の性格について触れ、祇園大塚山の垂飾付耳飾をめぐる交渉関係について考える（第1節）。最後に、それまでの分析に基づいてやや視点を広げ、5、6 世紀における東日本地域の対朝鮮半島交渉について概観してみたい（第2節）。

1. 祇園大塚山古墳出土の垂飾付耳飾の系譜と性格

(1) 垂飾付耳飾の系譜

　日本列島出土の垂飾付耳飾については、朝鮮半島の大伽耶地域と密接なつながりが指摘でき、百済や新羅地域に系譜を追える資料も一部存在するという見方が主流である。ただ、朝鮮半島では資料が飛躍的に増加し、垂飾付耳

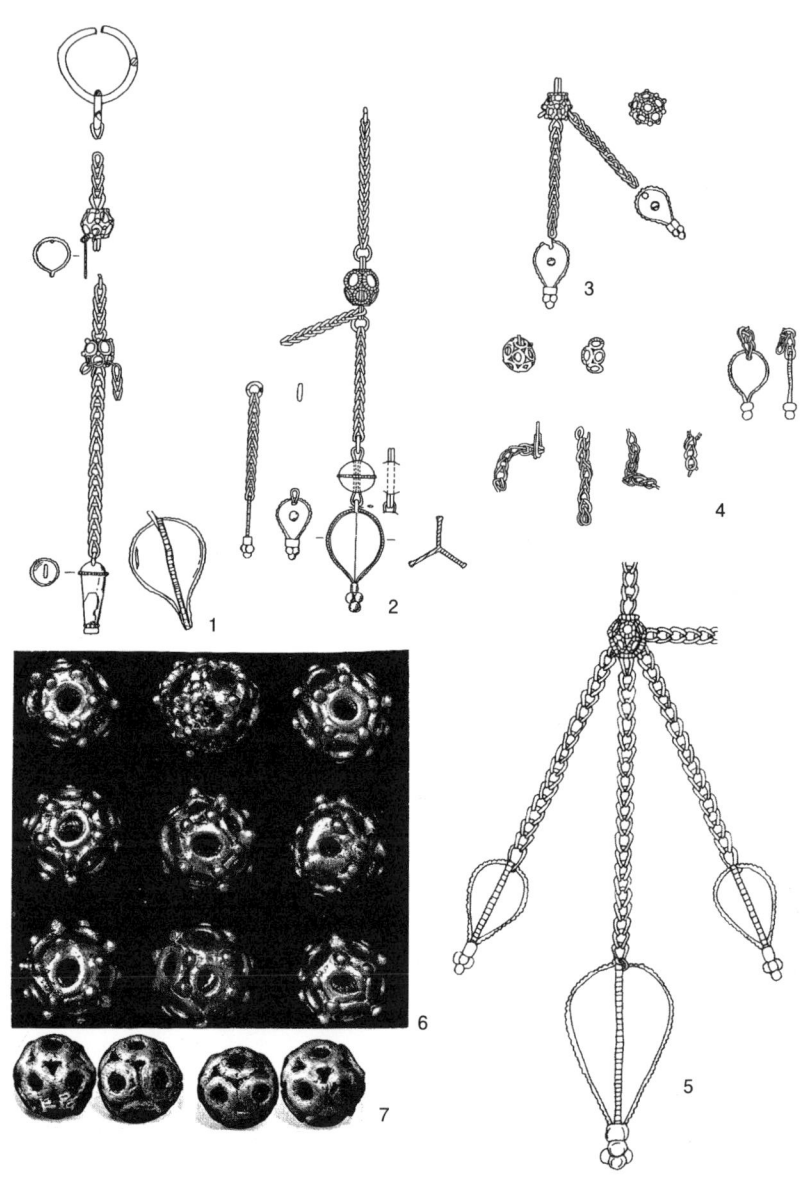

1：千葉県祇園大塚山古墳　2：和歌山県大谷古墳　3：奈良県新沢千塚　4：大阪府峯ヶ塚古墳
5：奈良県藤ノ木古墳（一部分）　6：扶余王興寺舎利供養具　7：慶州皇南大塚南墳

図1　祇園大塚山古墳出土の垂飾付耳飾と類例（実測図は S=2/3）

飾の地域性の検討が精力的に進められている。それによって、百済、新羅、加耶の枠を越えて、相互に技術的な関連性を有していたことが徐々に明らかになりつつある。そのため、日本列島資料の検討の際に、整然と「何々」系と把握することが難しい資料も生じつつある。実は、祇園大塚山資料もそのようなもののひとつである。

全体の構成と垂下飾　祇園大塚山資料は筆者のⅠ期（5世紀前半～6世紀初頭　図2）に該当する［高田1999］。細環＋遊環＋兵庫鎖と小環連接球体中間飾による中間部＋浮子式垂下飾・三翼式垂下飾という構成をとる。まず、浮子式、三翼式という垂下飾は、朝鮮半島では大伽耶地域に分布の中心があり、大伽耶系と把握できる。また、球体の中間飾と兵庫鎖を組み合わせる中間部の意匠は大伽耶地域に多い。

中間飾　一方で、中間飾に小環連接球体を採用している点には注意を要する。祇園大塚山資料は、12個の小環を直接連接して球体として仕上げ、さらに連接部分に細粒を配している。5世紀代の大伽耶地域のみならず朝鮮半島南部地域においても類例を確認しにくいが、高句麗あるいは新羅地域にはいくつか類例が認められる。ただし、新羅地域に通有な中央に刻目突帯を配し、それを基準として上下に小環を連接して球体として仕上げているものではない。管見で最も類似する資料としては、慶州皇南大塚南墳の銀製資料（図1-7）や公州武寧王陵出土の首飾、扶余王興寺（577年に百済威徳王によって建立　図1-6）から出土した舎利供養具の金製小環連接球体などがある。特に、武寧王陵や王興寺の資料は小環周縁に細粒を配しており、共通性が高い。また、中間飾には歩揺が取り付けられているが、これは5世紀代の新羅地域の耳飾に一般的な造作である。

長い兵庫鎖　祇園大塚山資料では、長い兵庫鎖が多用されているという特徴も指摘できる。これは、同時期における日本列島の垂飾付耳飾の特徴の一つでもある。朝鮮半島の状況と比較した場合に、いわゆる「長鎖式」垂飾付耳飾が日本列島で多く出土していることは確かであり、当時の倭人がよく好んだ型式として評価することは可能であろう。

多様な系譜　このように、祇園大塚山古墳出土の垂飾付耳飾には、百済あ

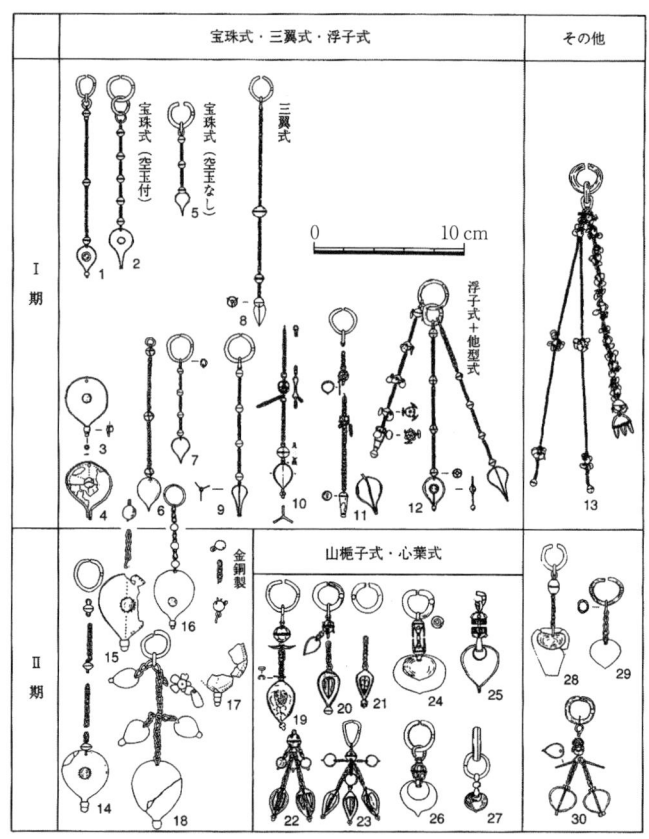

1：兵庫県姫路市宮山古墳第2石室　2：兵庫県加古川市カンス塚古墳　3：福井県遠敷郡上中町西塚古墳　4：香川県綾歌郡綾南町津頭西古墳　5：兵庫県姫路市宮山古墳第3石室　6：福井県遠敷郡上中町向山1号墳　7：宮崎市下北方5号地下式横穴　8：福井県天神山7号墳　9：奈良県橿原市新沢千塚109号墳　10：和歌山市大谷古墳　11：千葉県木更津市大塚山古墳　12・24：熊本県玉名郡菊水町江田船山古墳　13：奈良県橿原市新沢千塚126号墳　14：愛媛県新居浜市金子山古墳　15：佐賀県唐津市島田塚古墳　16：福岡県田川市セスドノ古墳　17：三重県一志郡一志町井関3号墳　18：茨城県行方郡玉造町三昧塚古墳　19：福岡県八女市立山山8号墳　20：奈良県大和郡山市矢田町割塚古墳　21：大阪府南河内郡河南町一須賀B7号墳　22：三重県鈴鹿市保古里車塚古墳　23：佐賀県東松浦郡浜玉町玉島古墳　25：大阪府八尾市郡川西車塚古墳　26：兵庫県龍野市西宮古墳　27：岡山市八幡大塚2号墳　28：熊本県玉名市大坊古墳　29：福岡県田川郡香春町長畑1号墳　30：滋賀県高島郡高島町鴨稲荷山古墳

図2　日本列島出土垂飾付耳飾の編年試案

祇園大塚山古墳出土の垂飾付耳飾

るいは大伽耶的、新羅的な要素が複合的に認められる。また、「長鎖式」である点において倭風的な意匠として評価することも可能である。日本列島各地で「長鎖式」垂飾付耳飾を出土した古墳では、他の諸属性において（副葬品、埋葬施設、副葬品配置など）においても朝鮮半島墓制の影響を看取でき、朝鮮半島系墓制が総体として導入された事例が少なくないことは考慮しておく必要があろう。現状では、祇園大塚山資料について、朝鮮半島から搬入したものであるのか、それとも渡来系工人による日本列島における製作品であるのかは判断しづらい。ただし、その製作において、倭と朝鮮半島各地域との緊密な交流が前提となっていたことは確実であり、祇園大塚山古墳の被葬者が朝鮮半島系文化を摂取できる立場にあったことを傍証している。

　そして、耳飾の意匠が最も鋭敏に反映されている垂下飾は大伽耶地域に特有の型式である点や、空玉中間飾を有する他の「長鎖式」耳飾も大伽耶地域との関わりを想定できる点からみれば、相対的ではあるが、大伽耶とのより深いかかわりは想定できる。次に、製品あるいは製作工人がどのような経緯で、日本列島に渡ってきたのかについて、大伽耶側の視点から考えてみたい。

(2) 5世紀における大伽耶の対倭交渉

　考古学からみた大伽耶　韓国考古学においては、5～6世紀中葉における大伽耶様式土器分布圏の形成と拡大、着装形威勢品（冠や垂飾付耳飾）の分布、各地域への高塚古墳の造営などから、洛東江西岸から蟾津江下流域に及ぶ大伽耶中心の社会統合過程を想定している。また、日本列島出土の朝鮮半島系資料や洛東江以西地域出土の日本列島系資料についての分析が進み、5、6世紀に大伽耶（もしくは小加耶）と倭の活発な交渉を明らかにしつつある。5世紀代における大伽耶の垂飾付耳飾は、主に高霊、陝川、そして咸陽など、大伽耶の中心域に分布が限定している。

　大伽耶の交渉経路（図3）　5世紀に日本列島各地域で確認される大伽耶系資料は、これまで高霊―居昌―咸陽―雲峯盆地（もしくは咸陽・南原）―求礼―河東―南海岸という蟾津江ルートを通じてもたらされたと考えられてきたが、少なくとも5世紀中頃までに、大伽耶が蟾津江中下流域を安定的に管轄

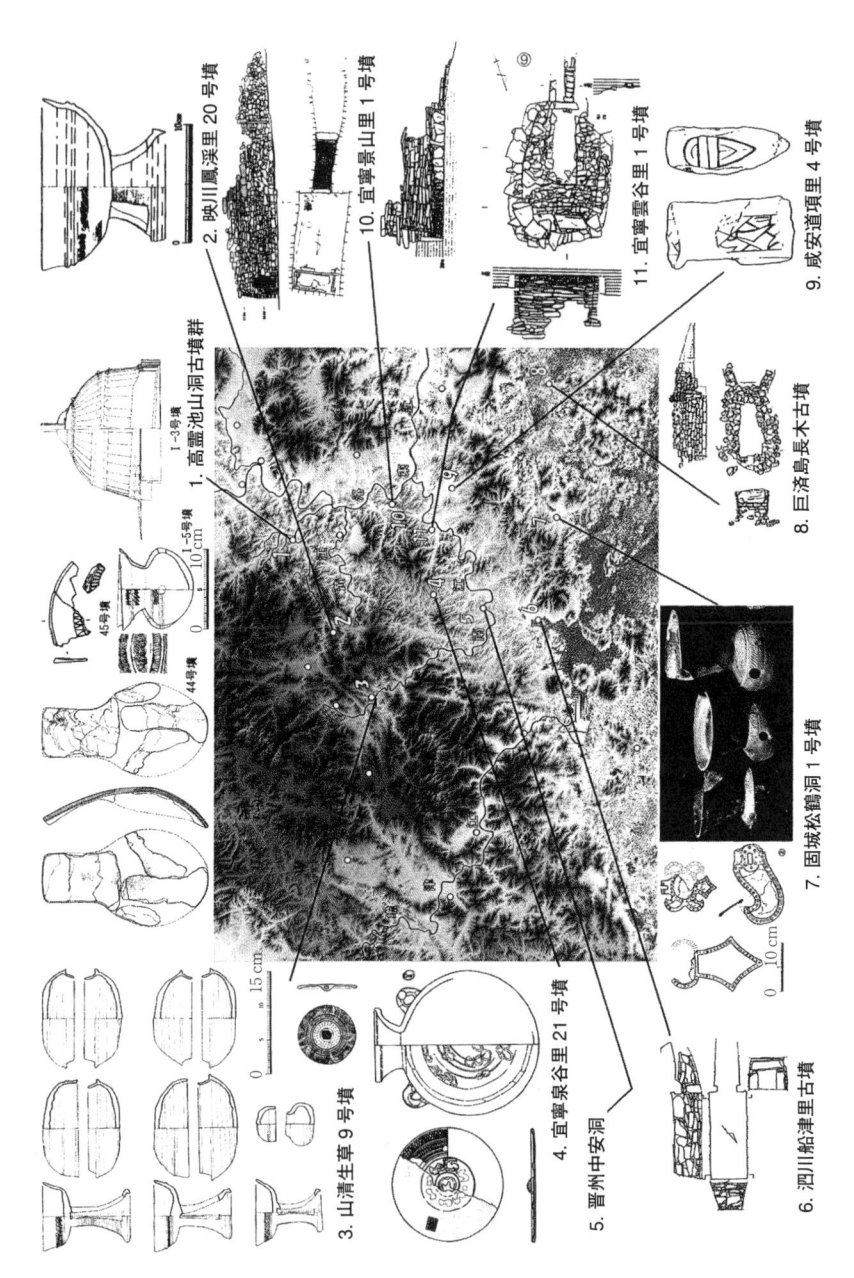

図3　5世紀中頃～6世紀前半の大伽耶圏とその周辺域出土の倭系資料

していたという状況は、現状で考古学的には証明しにくい。大伽耶の社会統合の動きは5世紀中頃には、黄江流域や南江上流域に限られていたようであり、このルートのみが大伽耶の対倭交渉ルートであったとは考えがたい。

そこで注目できるのは、洛東江経路である。この時期、日本列島系の考古資料が高霊や陜川など洛東江や黄江沿いで確認されており、また陜川地域の対岸に位置する昌寧においても確認されている。上で述べたように、日本列島にもたらされた垂飾付耳飾の分布も、高霊や陜川などに限定される。これらは地理的にみて、蟾津江経路よりもむしろ洛東江経路を用いた交渉活動を反映している可能性を考えてみることができよう。この場合、大伽耶と洛東江下流域の金官加耶、そして洛東江以東地域において社会統合を進める新羅との関係が注意される。

対倭交渉の歴史的背景　この点について、5世紀後半代における新羅と大伽耶の関係についての李成市の見解は示唆的である［李成市1999］。4世紀中葉以後、高句麗への従属戦略を取っていた新羅は、5世紀中頃には高句麗からの脱却を図り百済と結ぶ動きを顕在化させる。それによって高句麗を媒介とした新羅と諸加耶との対立がある程度は解消し、加耶諸国が交易活動を十分に展開し得る国際的条件が整い、特に南斉朝貢が象徴するように、大伽耶が活発な対外交渉を展開させたという解釈である。その一連の動きの中で、倭とも活発な政治経済的交渉を行っていたのであろう。この動きは、後に触れるように、新羅が完全に洛東江河口（東萊）を掌握する以前の段階の動きであり、大伽耶が新羅との関係の中で洛東江や黄江を対倭交渉経路として利用した可能性は高い。あるいは、このような歴史的状況が、祇園大塚山資料に新羅的要素が加わっている背景となっているのかもしれない。

(3)　**垂飾付耳飾をめぐる地域間交渉**

それでは、祇園大塚山古墳出土の垂飾付耳飾（もしくはその製作工人）がどのような経路で移動してきたのであろうか。この問題についての手がかりを5世紀前半～6世紀初頭頃までの東日本地域の垂飾付耳飾の分布から見出してみたい。

東日本地域における垂飾付耳飾の分布（図4・5）　まず、注目されるのは若狭湾沿岸地域とその周辺域である。この地域は福井県天神山7号墳、向山1号墳（図4-1）、そして西塚古墳と3古墳に垂飾付耳飾が副葬されている。垂飾付耳飾の副葬が時期を異にしており、3古墳の資料がそれぞれ型式を異にしつつも、大枠として大伽耶系である点を考慮すると、ある程度の恒常的に大伽耶地域と交渉していたことがうかがえる。日本海を通じての列島諸地域

1：福井県向山1号墳　2：長野県畦地1号墳　3：群馬県長瀞西10号墳
4：群馬県簗瀬二子塚古墳　5：千葉県姉崎二子塚古墳

図4　東日本地域の垂飾付耳飾（S=2/3）

や朝鮮半島各地との交流の実態については、様々な考古資料からすでに指摘がなされている。

次に、長野県飯田市畦地1号墳（図4-2）がある。この古墳は6世紀初～前半頃の築造と推定されている。埋葬施設が初期の横穴式石室であり、大邱達城古墳群（例えば飛山洞37号墳）など朝鮮半島に系譜を追い求め得る可能性が指摘されている。この古墳から出土した垂飾付耳飾は、祇園大塚山資料と同様に小環連接球体の中間飾と兵庫鎖の組み合わせで、中間部を構成している点が特徴的である。同様の構成を垂下飾は大型の宝珠形を呈し、宝珠中央にはガラス玉を嵌め込んでいる。

そして、群馬県高崎市長瀞西10号墳（図4-3）から出土した垂飾付耳飾がある。10号墳から出土した耳飾は、空球中間飾と兵庫鎖の組み合わせで中間部を構成し、垂下飾は宝珠形である。これは大伽耶地域に系譜を求めるこ

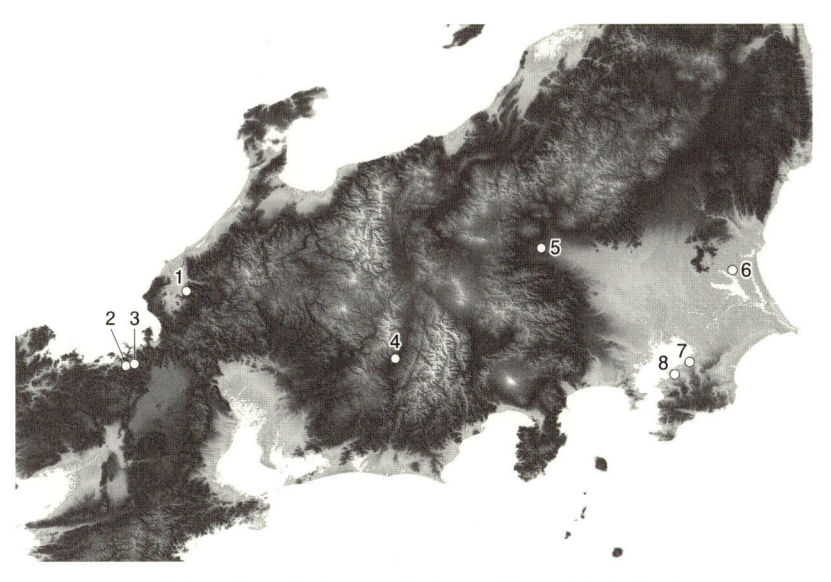

1：福井県天神山7号墳　2：福井県向山1号墳　3：福井県西塚古墳
4：長野県畦地1号墳　5：群馬県長瀞西10号墳　6：茨城県三昧塚古墳（金銅製）　7：千葉県姉崎二子塚古墳　8：千葉県祇園大塚山古墳

図5　東日本地域における垂飾付耳飾の分布

とが可能であり、渡来人によって主体的に持ち込まれた資料である可能性が高い。

さらに、東京湾沿岸地域に祇園大塚山資料、そして姉崎二子塚古墳出土資料（図4-5）が確認される。姉崎二子塚資料の垂下飾については類例を探しえないが、中間部は空球中間飾と兵庫鎖で構成されており、大枠として大伽耶地域に系譜を求めることが可能である。

以上のような垂飾付耳飾の分布状況を見ると、その導入・流通の経路として、それぞれの地域をつなぐようなルート、ひいてはネットワークを想定してみることも可能であろう。

畿内地域の状況　ただし、一方で祇園大塚山や畦地1号墳資料のような小環連接球体を中間飾とする垂飾付耳飾（または垂飾金具）は、畿内地域においても、5世紀後半〜6世紀初頭頃の和歌山県大谷古墳、大阪府峯ヶ塚古墳、奈良県新沢千塚出土資料、そして6世紀後半頃の藤ノ木古墳出土資料などの類例が認められる（図1）。したがって、倭王権（あるいはそれを構成する中央豪族）が製品や渡来系工人を管理し、「配布」的行為を通して祇園大塚山や畦地1号墳へもたらされたという過程を想定してみることもできる。この場合、祇園大塚山資料は出土した土器からみれば、5世紀中頃にもさかのぼる最初期の資料であり、東京湾沿岸地域を重視する倭王権の政治的意図が表象された可能性もある。

いずれの場合がより蓋然性が高いのかについては、現状では結論を留保せざるを得ないが、本来はより複雑で錯綜した動きであったと考えられ、二者択一で解釈すべきでもなかろう。次節において、東日本地域における他の渡来系文物の様相と総合化する中で、改めて考えてみたい。

2. 5世紀における東日本地域の渡来系文物からみた日朝関係

本節では、前節までの祇園大塚山古墳の垂飾付耳飾をめぐる検討を踏まえつつ、東日本地域に視点を広げて、朝鮮半島との関係を考えてみたい。特に、東日本地域の古墳から出土する様々な装身具、装飾付大刀、装飾馬具などの朝鮮半島の諸政治権力との関係性を表象する「渡来系威信財」、あるいは朝

鮮半島系の土器を手がかりとして、当時の東日本地域と朝鮮半島との多元的な交渉関係について概観する。

　先史から現代までを鳥瞰しても、5、6世紀は日朝関係が特に活発であった時期と評価できる［高田 2006］。この時期には、倭王権やそれを構成する首長層、あるいは日本列島諸地域の有力首長層は、こぞって朝鮮半島から必需物資や先進文化の入手に努め、自らの政治経済的地域の維持、確立に努めた。一方で、朝鮮半島の諸政治権力（百済、新羅、諸加耶、栄山江流域など）の側も、それぞれに明確な目的をもって倭との交渉に臨んでいた。

(1) 5世紀代の東日本地域と朝鮮半島

　5世紀代において活発な交渉関係が見いだせる朝鮮半島側の地域の一つとしては、朝鮮半島洛東江下流域を挙げることができる。

　洛東江下流域との交渉　洛東江下流域との密接なつながりは、東日本出土の金工品の系譜から裏づけられる。まず注目すべきは、千葉県富津市内裏塚古墳出土の胡簶（図6-1）である。この胡簶については、釜山市東莱区福泉洞21・22号墳出土資料（A）との類似性が指摘されてきた。山形（U字形）金具や吊手金具などの部品構成が同一で、かつその形状や法量も酷似する。また、山形金具周縁の鋲の密度、吊手金具の周縁にめぐらせた波状列点文や鋲の位置、鋲脚を革帯に貫通させその先端を折り曲げることで金具を固定させる方法など、細かな製作技法も酷似している。同じ工房で製作された可能性すらも想起させる。

　同様な系譜関係をうかがうことができるのは、千葉県木更津市祇園大塚山古墳で出土した、金銅装の小札甲や襟甲（3）である。小札甲は、日本列島における初期資料に特有なS字型腰札を備え、朝鮮半島との関わりが指摘されている。また、襟甲も朝鮮半島系の付属具であり、同時期の類例としては東莱福泉洞10・11号墳出土例（C）が挙げられている。

　さらに日本列島に導入された初期の馬具についても、長野県飯田市新井原2号墳で出土した短柄の木心鉄板張輪鐙（2）などは、類例の一つとして、やはり東莱福泉洞10・11号墳出土例（B）を挙げることができる。

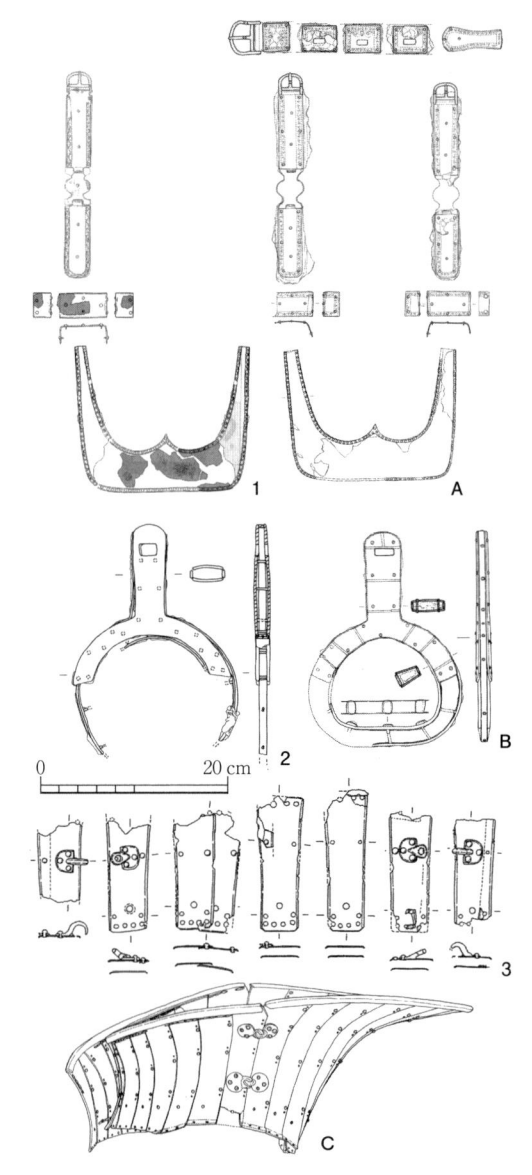

1：千葉県内裏塚古墳　2：長野県新井原2号墳　3：千葉県祇園大塚山古墳
A：東萊福泉洞21・22号墳　B・C：東萊福泉洞10・11号墳

図6　5世紀代東日本地域の金工品とその系譜

祇園大塚山古墳出土の垂飾付耳飾

　上述のような東萊福泉洞古墳群に類例を見出すことができる事例は、日本列島各地で確認され、洛東江下流域東岸の東萊（釜山）地域との緊密な関係をうかがわせる。かつてはこれを金官加耶と倭との交流の産物と解してきた。ただし、近年では、より広く洛東江以東地域にわたって類例が確認されており、その地域の統合を推し進めていた新羅との関係も視野に入れて解釈すべき状況となっている。

　東萊地域の位相　そこで問題となるのが、この時期の東萊地域（福泉洞21・22号墳の段階）が、新羅中央の政治的干渉を受けつつあったという点である。金銅冠、硬玉製勾玉、洛東江以東様式土器など、副葬品には新羅的色彩が濃厚であり、新羅の一地方であったとする見方も提示されている。

　確かに東萊地域を全く独自的な勢力と把握することは難しいが、それでも、埋葬施設の独自性、最初期の三累環頭大刀（柄頭は青銅製）の政治的表象としての活用、あるいは多様な副葬品の系譜などから判断すれば、東萊地域の自律性を過小評価することもできない。その地政学的位置からみても、東萊地域が対外交流活動を自らの政治経済的な主たる基盤としていたことは明白であり、新羅の政治的干渉の中でも、その及ばない部分で、あるいはそれを利用して、倭を含めた様々な政治権力と交渉を行っていたことは確かである。また、そこには新羅中央の交渉を仲介するという様態も含まれていたと考えられる。

　新羅とのつながり　その意味で、千葉市戸張作遺跡や神奈川県大磯町愛宕山下横穴で出土した（台付）長頸壺など、この時期に散見される洛東江以東様式土器は、このような関係性を示す資料として評価できよう。また、長野県飯田市上溝天神塚古墳の垂下飾は、洛東江以東地域の龍文透彫帯金具の垂下飾と類似し、新羅系と評価し得る資料である。

　もう一つの交渉相手、大伽耶　さて、この時期には東萊地域や新羅中央以外にも倭と活発な交渉を行っていた政治権力がある。それが大伽耶であり、第1節（2）において検討した。大伽耶は5世紀代から562年の滅亡まで、洛東江西岸から蟾津江下流域に及ぶ広範な地域の統合を推し進め、その中で倭とも盛んに交渉を重ねるわけだが、特に、5世紀前半から6世紀前半にか

けて、倭と大伽耶の交渉は際立つ。それを示す代表的な事例の一つが群馬県高崎市長瀞西遺跡であろう。

渡来人みずからが身に着けた耳飾　剣崎長瀞西遺跡では渡来人集団の墳墓たる方形積石塚群のみならず、馬埋葬壙、住居址などが確認された。先に触れた10号墳の墳丘上から出土した垂飾付耳飾は、慶尚南道陝川郡玉田28号墳出土資料などから、典型的な大伽耶系と判断でき、住居址から出土した軟質土器も大伽耶圏に通有のものである。さらに13号土坑（馬埋葬壙）から出土した環板轡も朝鮮半島東南部に系譜を求め得る資料である。

すなわち、大伽耶との交流を軸としつつ、「新たな地域経営の技術をもたらす存在として」招致・編成された渡来人集団の存在を想起することが可能である［若狭2011］。垂飾付耳飾は渡来人集団の有力層が持ち込み、実際に身に着けていた可能性は高い（図7）。

地域首長が入手した耳飾　一方で、地域社会の有力首長層が大伽耶系の垂飾付耳飾を入手していた状況を示す代表的事例が祇園大塚山古墳であり、同じく東京湾東岸地域に位置する千葉県市原市姉崎二子塚古墳である。両古墳は東京湾に面して立地しつつも、祇園大塚山古墳は小櫃川下流域の祇園・長須賀古墳群、姉崎二子塚古墳は養老川下流域の姉崎古墳群にそれぞれ属している。いずれも、5世紀前中葉頃の大型前方後円墳であり、豊富な副葬品を有する。その臨海性の高い立地からみても海上交通を掌握し、先進文化を地域社会へもたらした地域首長層の姿を彷彿とさせる。

f字形鏡板付轡と剣菱形杏葉の系譜　倭においては5世紀後半以降、f字形鏡板付轡と剣菱形杏葉という馬具セットが定型化し、日本列島内における馬具生産が徐々に本格化する。一方で、長野県飯田市新井原4号土壙（馬埋葬壙）出土資料のような初現期のf字形鏡板付轡と剣菱形杏葉の系譜については、百済、大伽耶、あるいは金官加耶と見解がわかれる。その理由として朝鮮半島における資料数の僅少さもあるが、両者がセットで出土する事例が極めて限られていたことも一因である。しかし、近年では高霊、玉田、生草などの大伽耶圏で両者がセットとして出土し、その形状や製作技法も日本列島の資料と類似する。小加耶の中枢たる慶尚南道固城郡松鶴洞1号墳（1A-6

祇園大塚山古墳出土の垂飾付耳飾

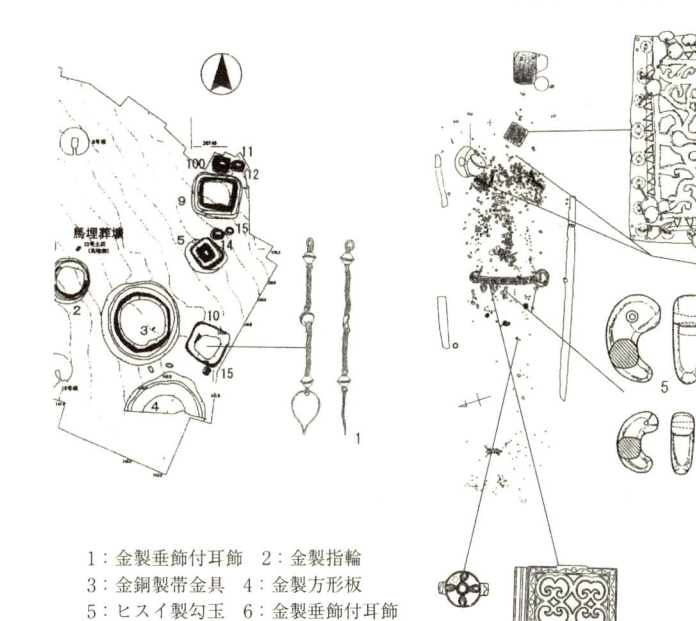

1：金製垂飾付耳飾　2：金製指輪
3：金銅製帯金具　4：金製方形板
5：ヒスイ製勾玉　6：金製垂飾付耳飾

右：奈良県新沢千塚126号墳　左：群馬県長瀞西10号墳

図7　朝鮮半島系渡来人が身に着けた装身具

号　図3-7）でも出土した馬具セットや、東萊、咸安などで出土した資料を大伽耶との関わりの中で製作、副葬されたものと考えれば、日本列島資料の系譜を大伽耶圏に求めることも可能となりつつある。

　千葉県佐倉市大作31号墳1号土壙（馬埋葬壙）出土の内湾楕円形鏡板付轡も、その朝鮮半島での分布はf字形鏡板付轡と剣菱形杏葉と類似しており、上述の新井原4号土壙資料と同様な系譜関係を想定することは可能である。

　多様な交渉相手　このように、東日本地域は主として東萊地域や新羅、あるいは大伽耶という朝鮮半島の多様な政治権力と交渉を重ねていたことがう

かがえる。特に、東京湾東岸地域をみれば、市原市草刈1号墳の副葬品に代表されるような各種の鉄製品や集落遺跡で出土する朝鮮半島系土器の系譜もこのような状況を傍証している。よって、「渡来系威信財」を副葬した有力首長層の主導のもとで、様々な人、モノ、情報が朝鮮半島から東日本の諸地域へもたらされた可能性が高い。

日朝交渉からみた東京湾東岸地域と倭王権　このような状況を踏まえつつ、祇園大塚山古墳出土の垂飾付耳飾がどのような経路を経て、当古墳へ副葬されたのであろうか、という第1節(3)の問いに立ち返ってみたい。この問いは、東京湾東岸地域と倭王権の政治経済的関係をどのように考えるか、につながっていくものであろう。

東京湾東岸地域には、これまでみてきたように、5世紀前中葉頃に姉崎二子塚古墳（養老川流域）、祇園大塚山古墳（小櫃川流域）、内裏塚古墳（小糸川流域）という、朝鮮半島系の金工品を副葬した臨海性の高い前方後円墳が分布する。その被葬者もしくは造営集団が、どのような経路で朝鮮半島と関わりをもったのかが問題となる。古くから指摘されているのは、太平洋沿いを沿った海路または原東海道たる陸路である。この経路は畿内地域へと至り、さらには瀬戸内—朝鮮半島へと通じるので、海上交通を掌握し倭王権との連携の中で朝鮮半島系の文化を受容する有力首長層の姿を想起することができよう。

一方で、それとは異なる対外活動のあり方も想定は可能ではなかろうか。畿内地域以東における大伽耶系の垂飾付耳飾の分布を改めて整理すると、

① 若狭湾沿岸とその周辺域、長野県飯田市畦地1号墳、群馬県長瀞西10号墳、東京湾東岸地域に分布する。
② それぞれの資料は型式を異にしつつも大枠として大伽耶系である。
③ 若狭湾沿岸とその周辺域や東京湾東岸などでは複数の古墳に副葬されていることから、（倭王権の関与を想定しても）ある程度の恒常的に大伽耶地域と関わりを有していた可能性が高い。
④ 大伽耶系耳飾が分布する若狭湾沿岸とその周辺域、伊那谷、上毛野、そして東京湾東岸の諸地域には、他にも多様な系譜を有する様々な半島系

資料が確認されている。
⑤ その一方で、太平洋沿いでは大伽耶系耳飾は現状では確認されていない。

以上のように整理できる。このような様相から、倭王権への結びつきを前提とした太平洋沿いの経路を用いた対外活動とは別途に、上述の地域間を結びつけて朝鮮半島へとつながるネットワークのようなものに参画していた東京湾東岸の首長層の姿を想定してみたい。

この地域ネットワークの具体的な復元は今後の課題であるが、このようなネットワークの一元的な掌握を企図して、倭王権が東京湾東岸地域に対して積極的に関与したという側面もあるのではなかろうか。

(2) 6世紀代の東日本地域と朝鮮半島

最後に、6世紀代の東日本地域と朝鮮半島との交渉関係についても触れておきたい。近年、6世紀中頃の古墳に多様な朝鮮半島系文物が副葬された状況が明らかにされつつある。特に、新羅圏に系譜を求め得る副葬品が多い点が特徴的である［朴天秀 2007, 土生田 2010, 内山 2011 など］。代表的な事例として埼玉県行田市埼玉将軍山古墳や群馬県高崎市綿貫観音山古墳を挙げることができる。

新羅系文物の副葬（図8）　まず、埼玉将軍山古墳の副葬品についてみてみよう。馬具をみると、引手を鏡板の外側で連結する十字文心葉形鏡板付轡(1)や棘葉形杏葉(4)、鉄製輪鐙などは、洛東江以東諸地域を中心に分布しており、近年、調査報告書が刊行された慶尚北道慶州市鶏林路 14 号墓（D）にも類例がある。馬鈴とみられる大型八角形鈴(7)は洛東江以東地域北部の慶尚北道義城郡鶴尾里 1 号墳（G）や釜山徳川洞 C 地区 21 号墓に類例がある。また環頭大刀(3)は、外環や環筒金具が百済・大伽耶系の龍鳳文環頭大刀と類似するが、環内に三単位配した三葉文は新羅との関わりも想起させる（C）。袋部下端に銀製装飾を施す鉄鉾は百済・大伽耶系とみることができる。他にも馬冑や蛇行状鉄製品、銅鋺などの朝鮮半島系副葬品が納められていた。

群馬県高崎市綿貫観音山古墳の副葬品の系譜については詳細な整理がある

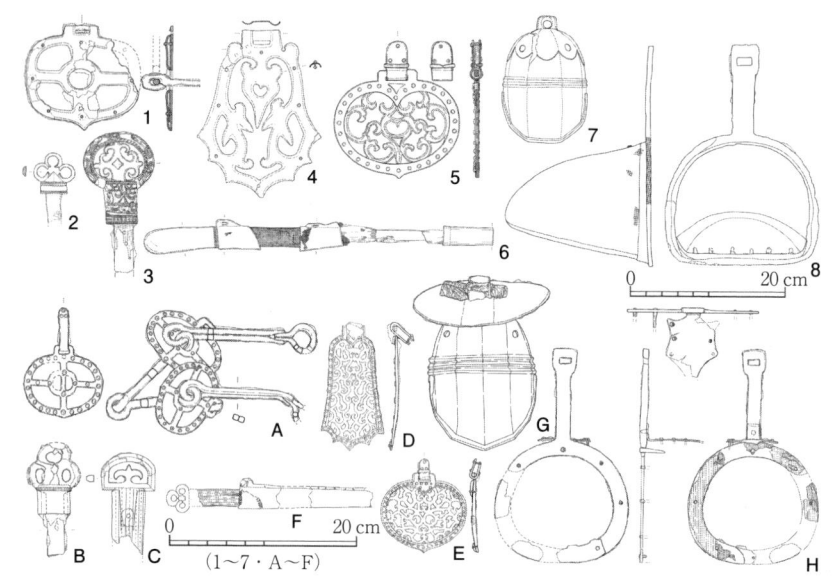

1・3・4・7：埼玉将軍山古墳　2・5・6・8：綿貫観音山古墳　A：大邱竹谷里2号墳
B：梁山夫婦塚　C・F：慶州普門洞合葬墳（積石木槨）　D・E：慶州鶏林路14号墓
G：義城鶴尾里1号墳　H：義城鶴尾里3号墳

図8　埼玉将軍山古墳と綿貫観音山古墳の新羅系副葬品

［内山2011］。まず、馬具については将軍山古墳と同様に、轡や心葉形杏葉（5）などは新羅圏（E）に系譜を求めることができる。また、鉄製壺鐙（8）についても、近年、鶴尾里3号墳にて6世紀前半頃の鉄製壺鐙（木製壺部を有する　H）が確認され、その構造は観音山資料とよく類似しており、日本列島の初期鉄製壺鐙の系譜を新羅圏に求めることが可能となりつつある。三累環頭大刀（2）も三累環の平面形が横長で、新羅圏（B）のものと類似する。また、銀装刀子における鞘口部の装飾も慶州普門洞合葬墳（積石木槨）出土の三累環頭小刀（F）や慶尚南道梁山市夫婦塚出土の装飾刀子など、洛東江以東地域に類例がみられる。また、この普門洞の事例は、一枚の金銅板を鞘木よりも幅広に巻いて端部を合わせることで鞘を製作するが、このような造作は千葉県山武市松尾町蕪木5号墳の金銅装小刀でも認められる。

祇園大塚山古墳出土の垂飾付耳飾

　房総地域においても、東京湾東岸の内裏塚古墳群に位置する九条塚古墳から出土した馬具（中央部貝製辻金具など）や、野々間古墳出土の緑釉台付長頸壺（7世紀前半頃）など新羅系文物が確認できる。このように、6世紀中頃以降になると新羅系文物の列島への断続的な流入や渡来系工人による列島での製作が顕著となるが、これを表象するのが群馬県前橋市山王金冠塚古墳から出土した冠であろう。

　山王金冠塚出土冠の特徴と系譜　この冠は幅広の帯に山字形立飾を5つ取り付けたものである。この時期に日本列島で盛行する広帯二山式の冠とは系統を異にし、新羅の山字形帯冠の変遷の中で位置づけることができる。すなわち、① 帯が幅広で、中央に列点による波状文を施文、② 立飾の枝の先端が上の枝につながっている、③ 立飾先端の宝珠形装飾が大型化している、などの特徴が認められ、6世紀中頃から後半の特徴を有する。類例としては慶尚北道安東市枝洞2号墳、江原道東海市岩洞湫岩洞カ-21号墳、江原道丹陽郡下里、伝尚州出土品（東垣コレクション　図9）があり、洛東江以東地域でも北部からの出土例が多い。

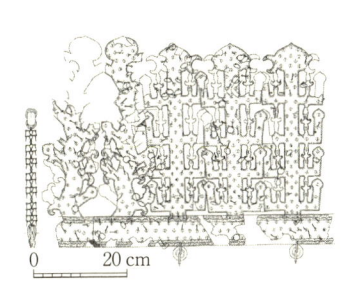

図9　伝尚州出土の山字形冠
（東垣コレクション）

　6世紀における新羅と倭　新羅系の文物がこの時期の古墳副葬品に多く認められる背景については、新羅の積極的な対倭交渉［朴天秀2007］、あるいは「新羅の調」、「任那の調」との関連性［土生田2010］を指摘する見解が提示された。古代史の成果を参考とすれば、6世紀中頃から後半、特に眞興王の時代、新羅は百済や高句麗と対立し抗争を重ねる。553年には漢江下流域を奪取し、562年には大伽耶を滅ぼすなど、版図を大きく拡大させていく。そのような情勢の中、560、561年を皮切りに、新羅は継続的に倭へ使者を派遣し、文物を提供したことが『日本書紀』に記されている。新羅の活発な対倭交渉は7世紀前半頃まで継続する。

　新羅には半島情勢における孤立状態の回避、百済や高句麗（570年に倭との

通交開始）の対倭交渉への牽制など、様々な目的があったと考えられる。倭への様々な文物の贈与や工人の派遣を通して、半島の情勢を有利に展開させようとしたのであろう。このような新羅の動きを新羅系副葬品が表象している可能性は高い。

おわりにかえて

　本稿では、第1節において祇園大塚山古墳出土の垂飾付耳飾の系譜を検討し、百済あるいは大伽耶的、新羅的な要素が複合的に認められることを指摘した。その中で、耳飾の意匠を最も鋭敏に反映する垂下飾が大伽耶系であることから、相対的に大伽耶とのより深い関わりが想定できると判断した。また、5世紀代の大伽耶の側にも明確な対倭交渉意図があったことを古代史の成果を手がかりに想定した。

　第2節では、東日本地域出土の金工品の系譜を検討しつつ、5，6世紀における日朝交渉の様相を概観した。金工品からは大伽耶は無論のこと、新羅もしくは洛東江以東地域との密接な関わりを具体化することができた。また、祇園大塚山古墳が位置する東京湾東岸地域は、太平洋沿いを沿った海路あるいは原東海道たる陸路に加えて、必ずしも倭王権との関わりを前提としない、東日本地域の内陸各地を結びつけるようなネットワークに参画して、渡来文化を摂取していた可能性を指摘した。

　朝鮮半島の側においても、洛東江下流域の東萊地域のように地域社会の自律的な対外活動が認められることも確かであり、王権間の外交以外にも多元的かつ錯綜した日朝交渉のあり方が想定できるようになっている。

　祇園大塚山古墳の垂飾付耳飾を手がかりとして、東日本地域と朝鮮半島との関わりを具体化しようと努めたが、全体的に雑駁な議論を展開している感が否めない。それでも、当時の日朝関係の多様性が少しでも明らかにできていれば、幸いである。

主要参考文献

　（紙幅の関係上、発掘調査報告書については省略した。ご容赦願いたい。垂飾付耳

飾に関する最近の研究成果については高田 2003 を参照）

李　成市 1999「加耶の国際環境と外交―新羅関係を中心として―」『加耶の対外交渉』第 5 回加耶史学術会議

李　熙濬 1995「土器からみた大伽耶の圏域とその変遷」『加耶史研究―大伽耶の政治と文化―』慶尚北道（韓）

内山敏行 2011「毛野地域における 6 世紀の渡来系遺物」『古墳時代毛野の実像』雄山閣

白井久美子 2002『古墳から見た列島東縁世界の形成』千葉大学考古学研究叢書 2

高田貫太 1998「垂飾付耳飾からみた地域間交渉」『古文化談叢』第 41 集　九州古文化研究会

高田貫太 2003「垂飾付耳飾からみた地域間交渉―九州地域を中心に―」『熊本古墳研究』創刊号　熊本古墳研究会

高田貫太 2006「5、6 世紀の日朝交渉と地域社会」『考古学研究』53-2

高田貫太 2012「金工品からみた 5、6 世紀の日朝交渉―東日本地域の事例から―」『企画展　東日本の古墳と渡来文化』松戸市立博物館

新納　泉 2002「古墳時代の社会統合」『日本の時代史 2　倭国と東アジア』吉川弘文館

野上丈助 1983「日本出土の垂飾付耳飾について」『古文化談叢』藤沢一夫先生古希記念

朴　天秀 1995「渡来系文物からみた加耶と倭における政治的変動」『待兼山論叢』史学編 29　大阪大学文学部

朴　天秀 1998「考古学から見た古代の韓・日交渉」『青丘学術論集』12　(財) 韓国文化研究振興財団

朴天秀 2007「考古学を通してみた新羅と倭」『湖西考古学』21

土生田純之 2006「積石塚古墳と合掌形石室の再検討―長野・大室古墳群を中心として―」『古墳時代の政治と社会』吉川弘文館

土生田純之 2010「古墳時代後期における西毛（群馬県西部）の渡来系文物」『国立歴史民俗博物館研究報告』158

若狭　徹 2011「上毛野における 5 世紀の渡来人集団」『古墳時代毛野の実像』雄山閣

※本稿は、シンポジウム当日の発表要旨と松戸市立博物館の平成 24 年度特別展『東日本の古墳と渡来文化』の図録に掲載された高田 2012 の内容を加えて再構成したものである。松戸市博の図録もあわせてご参照いただきたい。

祇園大塚山古墳の画文帯仏獣鏡

―同型鏡群と古墳時代中期―

上 野 祥 史

はじめに

　千葉県祇園大塚山古墳では、面径 30.4 cm の非常に大型の鏡が出土している。古墳時代中期以後の鏡の中では最大のものであり、金銅装眉庇付冑や銀製垂飾付耳飾が共伴することとあわせて、東国における中期古墳の中でも祇園大塚山古墳を特異な存在として際立たせている。古墳出土の器物は、その時期における地域首長・地域社会に対する外的な評価を体現するものである。それは、倭王権による「評価」や渡来系文物を入手する機会を有する「立場」を象徴するものだ。ここでは、祇園大塚山古墳出土鏡を東アジア、倭王権、地域社会という3つの視点で評価し、それらを通じて5世紀の古墳時代中期社会を概観することにしよう。

1. 祇園大塚山古墳出土鏡の詳細とその特徴

　まず、祇園大塚山古墳より出土した鏡（以下「祇園鏡」と呼ぶ）の図像や銘文を詳しく紹介し、その特徴を明らかにしたい。祇園鏡では、文様を表現した鏡背の大部分が錆で覆われており、図像の詳細を読み取ることが難しい。しかし、祇園鏡には鏡背文鏡を共有する一群の鏡が存在する。いわゆる「型」を同じくする同型鏡群であるが、これらを手掛かりとして、その図像を読み解くことができる［川西 2004］。

　祇園鏡は、画文帯仏獣鏡である（図1）。いわゆる、神像と獣像の組合せを主たる文様とした神獣鏡の範疇に含まれる鏡である。鏡背文様の主要図像は、四つの区画に表現した仏像群であり、仏像群を表現した内区と呼ぶ主要部分と、それよりも一段高い外区と呼ぶ部分によって構成している。内区は、仏

107

像を表現する区画と、その外周をめぐる半円方形帯と呼ぶ区画に分かれる。

　仏像群を表現した区画は、先端に窪みのある乳（環状乳）によって、四つに分けられている。四つの区画は、坐像の仏像を中心とする区画と、立像の仏像を中心とする区画が、鈕をはさんで向かい合っている。鈕孔を上下に立てた状態を正位置とすれば、上下が立像仏を中心とする区画で、左右が坐像仏を中心とする区画である。乳には、細長い頸をもつ獣像が巻きつく。獣像の頭部は形状が異なり、龍と虎を区別して表現している。そして、立像仏を中心とした区画を両側から挟み込む形態で、龍虎が向かい合う様子を表現している。各区画の中心となる仏像はいずれも、円形の光背を表現する。左右の坐像仏を中心とする区画では、坐像仏の左に立像を副えており、上下の立像仏を中心とする区画では、立像仏の左右に坐像を副えており、そのうち右側の坐像は半跏像の形態を表現する。

　仏像を表現した区画の外には、半円形と方形の装飾で構成する半円方形帯がめぐる。方格には各々四文字を充塡しており、方格内の文字は左上から左下、右上から右下へと進み、方格全体では時計回りに銘文が進む。方格内の文字の進行方向と、方格全体を通した銘文の進行方向は異なる。全体で以下の様な銘文を表現している。

　　吾作明竟　　幽湅三商　　彫刻無刑　　大吉曾年　　子孫盈堂　　仕官至皇
　　□□天王　　百子家平　　長生富貴　　皆如吾意　　□先□前　　立得□仙

内区より一段高い外区には、画文帯と呼ぶ浮彫の小画像群を表現する区画と、菱雲文帯と呼ぶ幾何学文様を表現する区画がある。画文帯は、六龍の牽く雲車や羲和や常儀など日月の運行と関わりのある説話を図像化したものである［樋口 1979］。そして、その外側には幅広の無文帯があり、少し高めの縁がめぐる。

　祇園鏡と鏡背文様を共有する鏡は複数存在しているが、「型」を同じくする、いわゆる「同型鏡」である。祇園鏡と鏡背文様を共有する画文帯四仏四獣鏡は 6 面あり、祇園鏡の他には伝大阪府駒ヶ谷出土鏡、キヨソーネ旧蔵鏡、福井県国分古墳出土鏡、長野県御猿堂古墳出土鏡、旧ベルリン民俗博物館蔵鏡である。祇園鏡と旧ベルリン民俗博物館蔵鏡の 2 面は、他の 4 面とは異な

祇園大塚山古墳の画文帯仏獣鏡

図1　祇園大塚山古墳出土の画文帯仏獣鏡

り、外区を拡張した鏡である。それは祇園鏡を特徴づける要素の一つである。
　画文帯仏獣鏡であることと、同じ文様を共有する同型鏡が存在することは、祇園鏡の特徴である。まず、それをもとに、祇園鏡の製作年代や製作地、製作背景を考えてみよう。

109

2. 東アジア視点で評価した祇園鏡
(1) 創作模倣鏡と祇園鏡

　中国大陸では、漢代にさまざまな鏡を生産した。当代に流行した思想を反映して、方格規矩四神鏡や画象鏡や神獣鏡など、独自の図像表現をもつ鏡が生み出されたのである。ところが、三国時代以降には、新たな意匠をもつ鏡が創出されなかった。隋唐時代に至るまで、漢代の鏡を模倣する生産が継続したのである。独自の表現様式をもつ漢鏡と隋唐鏡のはざまにあって、模倣を特徴とするのが三国両晋南北朝時代の鏡である。3世紀から6世紀にかけて、漢鏡の模倣を旨とする鏡生産が展開した。同じ模倣鏡であっても、その前半段階と後半段階では模倣の形態が異なる。3世紀の模倣鏡は、漢鏡を真似て作った鏡であり、5・6世紀の模倣鏡は、漢鏡を転写して時には改変を加えた鏡である。前半段階の模倣鏡を「創作模倣鏡」と呼び、後半段階の模倣鏡を「踏返模倣鏡」と呼んでいる［上野2007］（図4）。

　祇園鏡では、立像仏を中心とする区画と、坐像を中心とする区画が鈕を挟んで向かい合い、相互に直交している。漢鏡の対置式神獣鏡では、西王母と東王公が鈕を挟んで向かい合い、他の二区画には、黄帝と句芒の組合せと伯牙と鍾子期の組合せ、あるいは神農と蒼頡の組合せを表現している。そして、西王母と東王公の二神に対しては、両脇の獣像が向かい合う配置をとる（図2）。祇園鏡の神像と獣像の配置関係は、対置式神獣鏡と共通する要素がみえる。そして、祇園鏡の獣像は、乳（環状乳）に巻き付いた龍虎の姿態で表現し、立像仏を左右から挟み込む位置関係にある。こうした獣像の表現形式や配置形態は、画文帯同向式神獣鏡にみえるものである（図3）。神像（仏像）と獣像の表現と配置という視点では、祇園鏡が漢鏡の対置式神獣鏡と同向式神獣鏡を融合させたものであることを指摘できる。漢鏡を模倣しつつも新たな形態を創出するのは、三国西晋期の創作模倣鏡の特徴である。

　仏像を表現した鏡には、三国呉の創作模倣鏡である夔鳳鏡と、三国魏の創作模倣鏡である三角縁神獣鏡がある。揺銭樹や石刻画象など、造形物に仏像を表現する端緒は後漢時代に遡るものの、漢鏡には仏像の表現がみえない。仏像を表現するのも、三国期以降の創作模倣鏡の特徴といえよう。

祇園大塚山古墳の画文帯仏獣鏡

図2　画文帯対置式神獣鏡（京都府椿井大塚山古墳出土）

図3　画文帯同向式神獣鏡（奈良県ホケノ山古墳出土）

半円方形帯に関しては、半円と半円の間に表現した花弁状の図像に注目したい（図1）。漢鏡の神獣鏡では、半円間の装飾に細線で表現した葉文や浮彫状に表現した花弁を充填する。花弁を表現する場合は、その数が3ないし4であることが多い。祇園鏡はそれを大きく上回り、9個の花弁を表現している。こうした例は、西晋の太康年間（280年代）の紀年銘鏡（対置式神獣鏡）にみえている。
　外区の画文帯と菱雲文帯も、漢鏡の画文帯神獣鏡とは一線を画する。創作模倣鏡は、主題やモチーフが漢代の画文帯神獣鏡と共通するものの、その図像表現は簡略化する。画文帯神獣鏡の模倣鏡では、雲車など特定の図像を大きく表現することが大きな特徴であり、そのことにより副次的な小像が欠落する。特定の図像も大きくだけでなく、粗い表現となるのである。祇園鏡では、雲車の表現が画文帯に占める割合は高く、円形と菱形を組合せた奇妙な図像を二箇所に表現する。漢鏡では、日月を象る円形を捧げもつ人物（羲和・常羲もしくは伏羲・女媧）を雲車の直後とその対極に配置していることから、この奇妙な図像はおそらく太陽と月を表現したものであろう。しかし、小像群の順序や、図像の表現形態は、漢鏡と大きく異なっている。菱雲文帯は、漢鏡では神獣鏡に限らず獣首鏡など他の鏡にもみえる。漢鏡の菱雲文が、短小な六角形もしくは横長の四角形で表現するのに対して（図3）、祇園鏡の菱雲文は、短小な六角形の形態であるが、漢代のものとは異なる（図1）。漢代の菱雲文を模倣した、三国魏の甘露年間（256～260）の獣首鏡や泰始九年銘画文帯神獣鏡（273）にみる菱雲文表現に近い。
　このように、祇園鏡を構成する図像や単位文様は、いずれも創作模倣鏡の特徴を有するものである。祇園鏡の画文帯仏神獣鏡という表現様式は、創作模倣鏡の範疇で認識すべきものなのである。なお、神獣鏡の創作模倣鏡は、南と北で大きな違いがある［上野2007］。華北では画文帯神獣鏡を生産し、華南では銘文帯神獣鏡を生産するという、南北の対照性が明確になる。こうした対照性は、280年の西晋の統一まで3世紀を通じて継続する。華北の模倣神獣鏡は、正始五年銘鏡（244）や泰始九年銘神獣鏡（273）などをはじめとして、三角縁神獣鏡を含む。祇園鏡には、創作模倣鏡としての図像的特徴

が数多くみえるが、それは画文帯神獣鏡を模倣する華北の鏡として評価すべきものである。

(2) 踏返模倣鏡と祇園鏡

　祇園鏡には、鏡背文様を共有する鏡群が存在する。そして、祇園鏡は、旧ベルリン民俗博物館蔵鏡とともに、外区を拡張しているのである。これは、祇園鏡のもつもう一つの特徴である。

　鏡背文様を共有することは、いわゆる「鋳型」が同じであることに由来する。「鋳型」が同じということは、単一の鏡范（雌型）を繰返し使用して鋳造する状況と、原型もしくは製品そのものから複数の鏡范を製作して複数の製品を鋳造する状況が想定できる。前者を同笵鏡と呼び、後者を同型鏡と呼んでいる。それは、実際に溶解した青銅を流し込む鏡范が、複数回の利用に耐えうるのか、一次性の利用に限定されるのかという鋳造に対する理解の違いを反映している。祇園鏡と旧ベルリン民俗博物館蔵鏡が外区の拡張を実現していることと、祇園鏡をふくめた5面の鏡が製作時（鋳造時）の鋳型の破損に由来する笵傷を共有することから、一群の画文帯仏獣鏡は製品を原型として「踏み返し」た同型鏡であることがわかる。複数の鏡で共有する笵傷に注目すれば、その数の増減によって鋳造順序（製作順序）を判断することが可能である。6面の画文帯仏獣鏡では、3段階の鋳造順序が復元されており、祇園鏡は長野県御猿堂古墳出土鏡とともに、第3の段階に鋳造されたことが指摘されている［川西2004］。

　製品の踏返しを基調として一部に改変を加えた同型鏡群は15種104面の存在が、関連鏡群を含めると26種約130面が知られている［川西2004，辻田2012］。同型鏡群には、画文帯仏獣鏡の他にも、画文帯同向式神獣鏡（熊本県江田船山古墳出土鏡等）や画文帯環状乳神獣鏡（埼玉県稲荷山古墳出土鏡等）、画象鏡（東京都亀塚古墳出土鏡等）や浮彫式獣帯鏡（群馬県綿貫観音山古墳出土鏡等）などがあり、祇園鏡を含む画文帯仏獣鏡群とは別の画文帯仏獣鏡群も存在している。先に創作模倣鏡であると指摘した画文帯仏獣鏡以外は、いずれも漢代の鏡を原鏡として用いている。漢鏡を踏返すことや、踏返した上に一

部を改変する鏡作りの様相は、5・6世紀の模倣鏡である踏返模倣の特徴である。同型鏡群については、流通という視点から日本列島内での生産や朝鮮半島での生産なども指摘されるが、漢鏡の踏み返し模倣という生産の特徴は、まさに5・6世紀の中国鏡生産の特徴に合致するものである［車崎2002，上野2007］。

同型鏡群には2組の画文帯仏獣鏡群があり、祇園鏡を含む一群とは別の画文帯仏獣鏡群が存在する。岡山県王墓山古墳出土鏡と千葉県鶴巻塚古墳出土鏡、愛知県大須二子山古墳出土鏡と北京故宮蔵鏡の4面である。両者の間には、図像の配置形態や、方格銘の文字の配置、半円上の渦文の方向や画文帯の図像群の進行方向など、さまざまな点で逆転現象が起きており、祇園鏡等の一群は鶴巻塚古墳出土鏡等の一群を模倣したものであるという［川西2004］。両者の製作環境は近かったことが指摘されているが、それは踏返模倣の対象となった原鏡の話であり、先に指摘した300年前後の創作模倣の実態を示すものである。これらの鏡を対象に踏返模倣したのが同型鏡群であり、外区を改変した祇園鏡はそれを最も象徴的に示しているのである[1]。いずれにせよ、同型鏡群における画文帯仏獣鏡は、創作模倣鏡の踏返模倣鏡であり、稀有な存在なのである。

(3) 倭の五王の遣使と同型鏡群

祇園鏡をはじめとする同型鏡群は、5・6世紀に踏返模倣した中国鏡である。こうした中国鏡が日本列島へともたらされる契機として、倭の五王による南朝への遣使が早くから指摘されてきた［樋口1960・小林1965］。

日本列島へ流入した中国鏡は、中国世界との交渉を示す存在である。中国鏡の日本列島への流入は弥生時代中期後半に始まり、以後断続的に古墳時代前期に至るまで継続する。中国鏡は中国大陸と朝鮮半島、そして日本列島に存在するのであるが、中国大陸からの距離に比例して数が増減するわけではない。日本列島では、弥生時代や古墳時代の遺跡から出土する中国鏡が5000面前後を数えるのに対して、朝鮮半島では、中国王朝が直接支配をおこなった北部地域を除けば、出土する中国鏡は100面にも満たない。中国鏡

祇園大塚山古墳の画文帯仏獣鏡

の様相は、朝鮮半島と日本列島で対照的である。それは、施釉陶器や仏教関連遺物など中国に起源する文物や情報が、朝鮮半島南部での受容過程を経て日本列島へと伝播するという、東アジアの地理環境を反映した流通状況と大きく異なる。中国鏡の流通状況は、中国世界と日本列島世界との直接の結びつきを反映したものといえよう。3世紀の事例であるが、『三国志』魏書東夷伝では、帯方郡から邪馬台国に至る路程を詳述している。沿岸航路を利用して、帯方郡から朝鮮半島東南岸の金海地域に至り、対馬・壱岐を経由して、北部九州に至る。弥生時代や古墳時代前期には、中国世界と日本列島が直接の交渉経路を有したのである。こうした直接交渉を背景に、中国鏡は流入したのであった。中国世界と日本列島の直接交渉は3世紀末を境として途絶え、それとともに古墳時代前期における中国鏡の流入も停止することになる。4世紀は、日本列島へ中国鏡の流入が停止した空白の時代といえよう。

同型鏡群はその大半が日本列島で出土しており、朝鮮半島では武寧王陵出土鏡を含めて数面を数えるのみである。朝鮮半島と日本列島の対照性は、弥生時代や古墳時代前期と同じであり、5世紀における中国鏡の流入も、中国世界との直接交渉を背景としたものであった。同型鏡が日本列島へ流入する契機は、早くから先学が指摘するように、『宋書』に記載する倭王の南朝への遣使である。『宋書』倭国伝は、讃・珍・斉・興・武の五王が継続して宋王朝に遣使したことを記す。倭王の南朝への遣使は、永初二年（421）の倭王讃の遣使に始まり、昇明二年（478）の倭王武に至るまで、5世紀を通じておこなわれており、宋王朝より官爵を与えられている。では、同型鏡群は5世紀を通じて継続的に流入したのであろうか。

同型鏡群の流入年代に関しては、入手契機を倭王の南朝遣使と結び付けた理解に基づいて、5世紀を通じた流入が想定されることになる。しかし、流入期間を絞り込む特定の根拠がないため、南朝への遣使を五王の遣使と同義のものとして、無意識のうちに自然に受け止めてきた。それをもっとも端的に示すのが、隅田八幡神社蔵の「癸未」年銘鏡をめぐる認識である。「癸未」年銘鏡は、同型鏡群の画象鏡と画文帯仏獣鏡を組合せた鏡であり、銘文に「斯麻（百済武寧王）」と「孚弟王（継体天皇）」「意柴沙加宮」の表記をもつ特

異な鏡である。「癸未」干支をどの年号に充てるかについては、443年と、503年と、563年などの候補が挙げられている。銘文と図像とのそれぞれの視点で検討が進んでいるが、図像に主眼を置く考古学的検討では、443年説と503年説に分かれている。同型鏡群は倭の五王の鏡であるという理解が、同型鏡群を入手する5世紀代に「癸未」年銘鏡を位置づけることを要請し、それが癸未年を443年とする認識へとつながったとみたい[小林1965・1966]。

同型鏡の副葬年代と、倭鏡生産への影響という視点では、癸未年を503年とする認識が整合的である[森下1991, 川西2004]。同型鏡群は、古墳時代中期後葉から後期後葉に至るまで副葬が継続している。その嚆矢は他ならぬ祇園鏡であり、大阪府長持山古墳や福井県西塚古墳などが続き、同型鏡の副葬はON46・TK208型式期を上限とする。そして、TK23・47型式期より副葬事例が急増し、この時期が副葬の中心となる。古墳時代中期の暦年代は、年輪年代法による測定値や辛亥年銘と関連資料の位置づけをめぐり、初葉（TG232型式期）と末葉（TK47型式期）の暦年代が論者によって異なるものの、中期後葉のON46・TK208型式期を5世紀中頃から後半にかけて（第3四半期頃）とする認識に大きな違いはない[白井2003, 岸本2011, 森下2011]。現状の認識では、同型鏡の副葬が始まるON46・TK208型式期の暦年代が5世紀前半に遡ることは、生じえない。同型鏡群の入手は、5世紀を通じた五王の遣使全般と結び付けて理解することは難しい。なお、倭王の封爵や進号が画期をなす遣使に注目して、珍による元嘉十五年（438）と済による元嘉二十八年（451）に同型鏡を入手する機会を求めようとする見解がある[川西2004]。

そして、同型鏡の流入は、それを模倣した新たな倭鏡を生みだす契機でもある。新たに創出した倭鏡の一群に葉、画文帯仏獣鏡や画文帯同向式神獣鏡を模倣したものがあり、「癸未」年銘鏡や奈良県平林古墳出土鏡や同藤ノ木古墳出土鏡など同型鏡を比較的忠実に模倣した一群と、福岡県壽命王塚古墳出土鏡や静岡県宇洞ヶ谷横穴出土鏡など交互神獣鏡系と呼ぶ一群が存在する。いずれも、古墳時代後期前半（TK10型式期）から中頃（TK43型式期）にかけて副葬されており、これら新出の倭鏡群の製作年代は、6世紀前半かそれを

大きく遡らない時期に求められる［森下1991・2002］。倭鏡の製作動向に基づけば、癸未年は503年に求めるのが妥当となる。

同型鏡の副葬傾向や同型鏡の影響を受けた倭鏡の生産という視点から、同型鏡の入手時期は5世紀後半に限られるとみてよい。同型鏡群は、倭の五王の鏡とは少しイメージがずれる。短絡的な理解は禁物であるが、倭の五王の前半段階には遡らず、倭王武の遣使時期と重なる部分が大きいことを指摘しておきたい。

3. 倭王権の同型鏡配布と祇園鏡
(1) 王権の配布する器物としての鏡

倭王権は、器物の配布と古墳の築造という二つの指標を以て、地域首長・地域社会との関係をとり結んだ。配布する器物には、倭王権が生産や外部からの入手を独占できる器物が選択された。古墳時代前期では鏡や銅鏃、あるいは石製腕飾などが代表的であり、古墳時代中期では帯金式甲冑が代表的である。こうした器物は、王権の評価を可視化するものでもある。鏡は、古墳時代前期から後期に至るまで、倭王権が継続して配布した器物である。古墳時代を通じて、中国大陸からの入手を独占した中国鏡と、独自に生産を管理した倭鏡を、倭王権は配布したのである。中国鏡の配布には創作模倣鏡と踏返模倣鏡という段階が設定でき、倭鏡の配布には前期倭鏡と中期倭鏡を後期倭鏡という段階が設定できる。中国鏡では、古墳時代前期前半に三角縁神獣鏡をはじめとする創作模倣鏡を配布し、中期後葉以後に同型鏡群という踏返模倣鏡を配布した。倭鏡では、古墳時代前期に多様な鏡式（系列）の生産が展開し、中期には僅かな鏡式（系列）を対象とした生産に収縮し、後期には再び複数の鏡式（系列）を創出して新たな生産が展開する［森下1991，下垣2011］[2]。先に述べた癸未年銘鏡や奈良県平林古墳出土鏡、福岡県壽命王塚古墳出土鏡などがこれに該当する。古墳時代前期が創作模倣鏡と前期鏡を配布した時期であり、中期前葉から中葉にかけてが中期鏡を配布した時期であり、中期後葉以降が踏返模倣鏡と後期倭鏡を配布した時期である（図4）。倭王権による鏡の配布には、ほぼ前期・中期・後期に対応する3つの配布段階

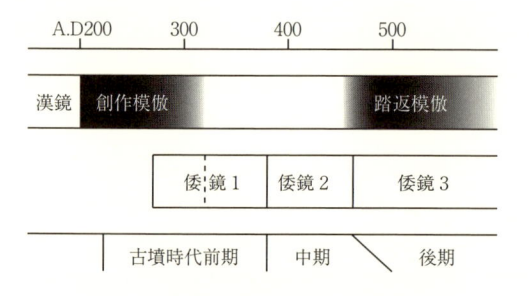

図4 中国鏡と倭鏡の入手・生産段階

が存在しているのである。祇園鏡をはじめ、同型鏡群の配布は、その第3段階に相当する。

　古墳時代前期では、創作模倣鏡の配布が前期倭鏡の配布よりも先行する。創作模倣鏡では、大型の規格品である三角縁神獣鏡を頂点として、方格規矩鏡や内行花文鏡など中小型鏡が併存しており、面径で表現する格差が存在していた［辻田2007］。また、前期倭鏡でも、浮彫・平彫・線彫という表現形態を問わず、さまざまな漢鏡を模倣の対象として、単頭双頭神鏡系（いわゆる鼉龍鏡）や方格規矩四神鏡系など多様な倭鏡を創出した。かつ、同じ表現主題をもつ鏡にも、面径の異なる大型鏡と小型鏡を作り分けるなど、面径の格差が意識されている［辻田2007，下垣2011］。

　中期後葉以降にも、同型鏡群を大型鏡・中型鏡とし、倭鏡を中型鏡と小型鏡とする、面径による序列が存在していた。同型鏡群では、祇園鏡をはじめとする画文帯仏獣鏡や画文帯同向式神獣鏡（江田船山古墳出土鏡等）は面径20 cmをこえる大型鏡であり、浮彫式獣帯鏡（宮崎県山ノ坊古墳出土鏡等）や画文帯環状乳神獣鏡（埼玉県稲荷山古墳出土鏡）などは、面径が14 cmから18 cm程度の中型鏡である（図6）。また、倭鏡でも旋回式獣像鏡系が面径12 cmから16 cm程度の中型鏡であり、乳脚文鏡系が面径13 cm以下の小型鏡であるなど、面径の違いによる格差が比較的明瞭に示されている［上野2004・2012］。なお、「癸未」年銘鏡や奈良県平林古墳出土鏡など、模倣の対象とした鏡より近い表現をもつ一群が20 cmに及ぶ大型鏡であり、表現が

祇園大塚山古墳の画文帯仏獣鏡

簡略化した交互式神獣鏡系が 15 cm 前後の中型鏡である。前者は同型鏡とほぼ同じ大きさであり、倭鏡の最上位に位置づけられる鏡群が同型鏡群に代替する存在であると指摘される所以である［川西 2004］。祇園鏡は大型鏡の画文帯仏獣鏡の中でも、さらに外区を拡張して大型化したものであり、同時期の鏡序列の中では最上位に位置する存在といえよう。

さて、同型鏡群は、古墳時代中期後葉から後期後半に至るまで副葬が継続している。その端緒は他ならぬ祇園鏡であり、大阪府長持山古墳や福井県西塚古墳等が続いており、ON46・TK208 型式期には同型鏡の副葬が始まる。その終焉は、群馬県綿貫観音山古墳出土鏡や同高崎観音塚古墳出土鏡であり、同型鏡の副葬は TK209 型式期に終わりを迎えた。同型鏡の副葬は、TK23・47 型式期に集中しており、大半は TK10 型式期までに収まる。その代表として、熊本県江田船山古墳や埼玉県稲荷山古墳をはじめ、岡山県築山古墳や大阪府高井田山古墳などが挙げられる。同型鏡群の副葬が、ON46・TK208 型式期に出現し、TK23・47 型式期に集中しており、大半の事例が TK10 型式までに収まる現象は、ｆ字形鏡板付轡と剣菱形杏葉などの馬具の副葬と近い様相を呈している［千賀 1988・1994・2004，内山 1996］。この時期に日本列島で生産する馬具と鏡に、鈴付という造形が共通して出現することも、王権が配布する器物としての鏡と馬具の密接な結びつきをもつことを示している。鏡と馬具という二つの器物においてみえる共時的な現象から、これらを配布する器物の一つの様式として認識しておきたい[3]。これは、配布する器物の生産のみならず、墳墓の造営や鍛冶・馬匹・窯業・製塩などの生産活動や、思念・心性に及ぶさまざまな面において生じた大きな画期であり［川西 2004］、いわゆる雄略朝の画期とも形容されるものである。鏡の配布という視点では、それを MT15・TK10 型式期まで含めた一つの動きとして評価すべきだと考える。TK23・47 型式期の評価をめぐって、古墳時代中期と後期の境界は動く。それは、5 世紀後半と 6 世紀前半を連続という視点でとらえるのか、断絶という視点でとらえるのかということとにも関連する。王朝交替という視点から画期としての側面が強調されてきた継体朝も、雄略朝と連続した側面を評価すべき点があるという指摘に耳を傾けたい［仁藤 2009］。

祇園鏡は、中期後葉を基点とする新しい器物配布システムの嚆矢をなす存在であり、その中でも最上位の評価を象徴する存在であったといえよう。

(2) 鏡の配布と王権の戦略

古墳時代中期後葉以後、倭王権は大小の格差がある同型鏡群と後期倭鏡を用いて、鏡の配戦略を展開した。同型鏡は九州南部（肥後・日向）から関東地方（上野・下野）まで及んでおり、倭鏡は九州南部（肥後・日向）から東北中部（陸奥）まで及んでいる。同型鏡と後期倭鏡で分布域は若干異なるが、九州から東国に至るまで広範囲に分布する［上野2004］。同型鏡群の分布中心は近畿地方にあり、九州と東国にも分布の核が存在している［下垣2011］（図5）。出土鏡の面数には、近畿―九州―東国という序列が存在しており、近畿地方がほぼ大型鏡で占められるのに対して、九州と東国では大型鏡と中型鏡が伯仲している。同型鏡群の保有において、近畿地方の優位性は認めうるものの、他地域を凌駕する絶対的な優位性ではい。倭鏡では、同型鏡に比肩する大型鏡が近畿地方に集中するものの、中型鏡・小型鏡の分布に大きな隔たりはなく、これらの出土数は関東が近畿や九州に比べて多い。大型鏡、中型鏡、小型鏡という格差は、王権の評価を形態で明瞭に示したものに他ならない。近畿地方に大型鏡が数多く集中するのは、この地域には大型鏡を以て評価すべき首長が数多く存在したことを意味する。東国の状況は、大型鏡を以て評価すべき首長が他地域に比べて少なく、中型鏡・小型鏡を以て評価すべき首長が他地域よりも多く存在したことを意味する。そこにみえる近畿―九州―東国という緩やかな序列には、各地域に対する王権の意識が反映されているのである。中期後半には、王権の地域経営戦略が、西方重視から東西重視へと転換することが、帯金式甲冑の分布状況等から指摘されている［川西1988］。やや序列の劣る中型鏡や小型鏡が、他地域よりも数多く関東地方に流入する動きは、東方経営戦略の一面を反映したものと評価できよう。こうした新しい動きは、後期倭鏡に出現した鈴鏡（旋回式獣像鏡系や乳脚文鏡系等）が、関東地方を中心に分布することとも関連する。それは鏡にとどまらず、馬具でも相対的に下位に位置づけられる鋳銅製の鈴付造形の馬具

祇園大塚山古墳の画文帯仏獣鏡

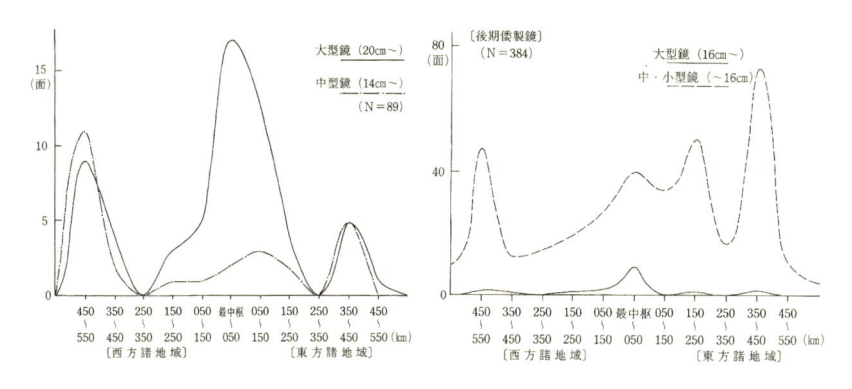

図5　同型鏡と後期倭鏡の分布パターン

（轡・杏葉）が創出され、関東地方に集中する状況とも連動するものであり［川西2004］、多様な器物の配布を通じて王権の東方経営が実践されていたことを物語るものである。

　上位の評価を象徴する同型鏡には3つの分布形態がみえており、西指向鏡群と東指向鏡群、東西指向鏡群とに区別されている（図6）［川西2004］。神人龍虎画象鏡（大阪府高井田山古墳出土鏡等）や画文帯環状乳神獣鏡（奈良県藤ノ木古墳出土鏡等）は、近畿地方以西の地域に分布が集中する西指向鏡群とされ、二種の画文帯仏獣鏡（祇園鏡や岡山県王墓山古墳出土鏡）は、近畿地方以東の地域に分布が集中する東指向鏡群とされている。画文帯同向式神獣鏡（熊本県江田船山古墳出土鏡等）や神人歌舞画象鏡（東京都亀塚古墳出土鏡等）などは、東西に分布が広がる東西指向鏡群とされている。同じ同型鏡群であっても、その配布に仮託された王権の戦略は異なっていたことを示している。また、配布主体となる王権中枢では、西方指向鏡群が大和に集中しており、東西指向鏡群が河内に集中するなど、大和と河内での状況が表裏の関係にある［川西2004］。それは、王権中枢における大和と河内の関係を示すものとしても重要である。そして、同型鏡群の副葬は、東指向鏡群の祇園鏡と、東西指向鏡群の長持山古墳出土鏡を端緒とすることから、配布形態の違いが時間差を反映するものではない。寧ろ、中期後葉以降には、東西を指向する複

数の配布戦略が併存していたのである。

　一方、同型鏡群の分布には近畿、九州、関東という核が形成されていることを指摘したが、全国的な視点で鏡の分布状況をみえると、分布の核を形成する近畿地方と九州、東国では同型鏡と倭鏡が揃うのに対して、その中間地域では同型鏡が希薄で倭鏡のみの構成となる（図5・6）。もう少しミクロな視点で同型鏡の分布を検討してみよう。近畿地方の河内・大和は同型鏡がもっとも集中する地域であり、その周辺には、摂津や山城、近江や若狭など、複数面を保有する地域が存在している。そして、西方では備前を中心とする吉備地域が一つの分布圏であり、さらに遠く九州には筑前・豊前と肥後・日向という分布圏がみえる。東方では伊勢湾岸の伊勢・尾張が一つの分布であり、さらに遠く上野・武蔵・上総という分布圏がみえる。王権中枢の近畿地方と東西の両極だけではなく、吉備や東海といったその中間地域にも同型鏡の分布圏が存在するのである。同型鏡の分布は、面的な広がりをもつものではなく、分布圏という形で特定の拠点が形成される状況である。瀬戸内西部や日本海沿岸地域（山陰・丹後・北陸）、東海地域などは同型鏡が希薄な地域であり、上述の地域とは対照的である。同型鏡は、鏡の中でもより上位の評価を象徴する器物であり、王権中枢とその周辺地域、そして吉備、伊勢湾沿岸、九州と関東という特定の地域が配布対象として選別されたことを示している。

　ここで改めて、面径と分布という視点から検討してみよう（図6）。同型鏡群は、20 cm 前後を境として大型鏡と中型鏡に分かれるが、大型鏡には 22 cm 以上の一群と 22 cm 以下の一群に分けることができる。ここでは、便宜的に超大型鏡と大型鏡に区分しておく。超大型鏡では、画文帯仏獣鏡 B と浮彫式獣帯鏡 B が東方を指向し、細線式獣帯鏡と神人車馬画象鏡が西方を指向している。大型鏡は東方指向と東西指向が混在しており、近畿地方を中心に分布が東西へ広がる。超大型鏡では、東方指向鏡群と西方指向鏡群が混在しており、なかでも東方指向の鏡群が西方指向の鏡群よりも面径が大きいことは重要である。そして、超大型鏡の分布が、東方指向にせよ西方指向にせよ、近畿と九州・関東（信濃）に分布しており、吉備や東海（伊勢湾岸を含

祇園大塚山古墳の画文帯仏獣鏡

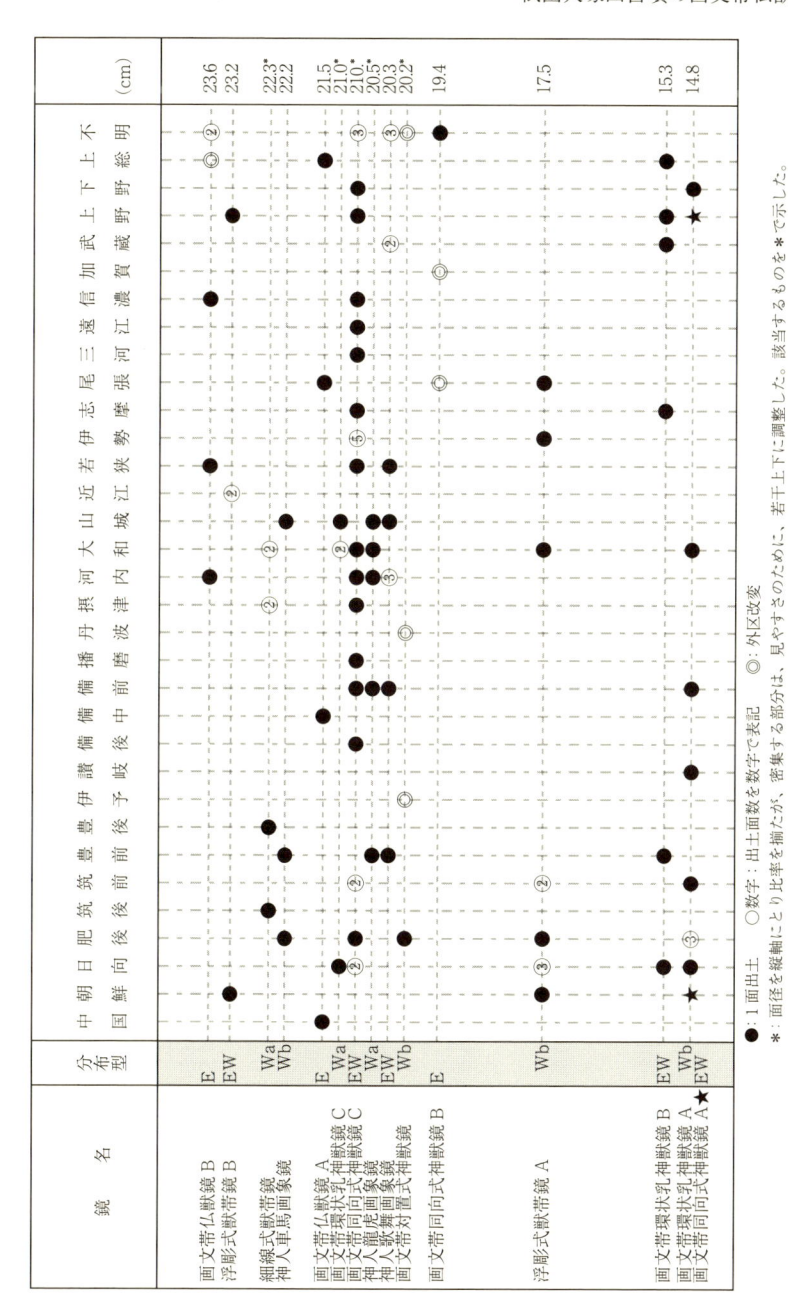

図6 同型鏡群の面径と分布

む）が空白であることにも注意したい。より評価の高い器物が東西両方に向けて配布されており、これらが中間地帯には配布されていないのである。大型鏡はこうした東西の中間地域を含みつつ、中央と九州・関東に集中した分布をみせるが、超大型鏡はその大型鏡が集中する中央・遠東・遠西に限られるといえよう。王権中枢が、地域首長との関係を構築する中で、この時期には東西の両極をより高く評価していたことを示している。それは、ワカタケルを銘した象嵌刀剣が武蔵と肥後で出土していることにも通じるものである。

　なお、こうした超大型鏡でも面径の優れた鏡群が東方を指向していることは、王権の東方経営がより高い評価を伴って進行したことを伝える。その２面が上総地域に配布されており、同型鏡群（出土鏡）の中で最大の画文帯仏獣鏡を含むことは、王権による上総地域の評価が相当に高いことを示している。当初より重層的な評価が輻輳する形で、倭王権の東方経営が展開したのであり、その中において上総地域は東極の一つとして極めて高い評価を受けたのである。それは、金銅製眉庇付冑や金銅製小札甲と共伴することとも軌を同じくするものである。

　さて、こうした同型鏡を保有する存在は、中期後葉以降の倭王権を支えていた地方首長層の中でも中核をなす存在である。中国王朝への遣使に際しては、倭王自身のみならず、王権を構成する有力首長にも官爵の除授を求めている。倭王珍の遣使では倭隋等十三人に、倭王済の遣使では二十三人に、官位が除授されている。同型鏡群が中国王朝への遣使に際して入手した器物であることを考えれば、同型鏡を保有する存在こそ、南朝の官位を保持しうる倭王権を構成した各地の有力首長であったと考えておきたい。同型鏡の分布状況は、王権中枢の優位性を相対的に示すものであるが、極度に集中した独占状態ではない。王権中枢を中心として、特定の地域で分有する状況という表現が相応しい。倭隋等の官位要請は、倭王が王権を構成する有力首長層の優位な存在にすぎず、倭王の独立性や隔絶性は未だ確立していないことを象徴すると解釈されているが、「特定の地域で分有」したようにみえる同型鏡の分布状況は、まさにこうした事情と合致するものである。

4. 地域社会にとっての祇園鏡と同型鏡
(1) 古墳に副葬した鏡への評価

　祇園鏡は、中期後葉に配布された鏡を中期古墳に副葬した事例である。鏡の配布時期と古墳への副葬時期との間に大きな隔たりはない。中期古墳から出土する鏡には、同時期の中期倭鏡や同型鏡群の他に、三角縁神獣鏡などの創作模倣鏡や前期倭鏡など、古墳時代前期に倭王権が配布した鏡も含まれている。京都府久津川車塚古墳や岐阜県龍門寺1号墳、奈良県円照寺墓山1号墳は、帯金式甲冑に三角縁神獣鏡が共伴する事例として有名である。その他にも、大阪府盾塚古墳、鞍塚古墳、珠金塚古墳では、方格規矩四神鏡系や獣像鏡系の前期倭鏡が帯金式甲冑とともに出土している。古墳中期の主要な配布器物である帯金式甲冑と前期の鏡が共伴する事例は少なくないのである［上野 2012a］。

　前期の鏡と中期の甲冑が共伴する現象については、鏡の配布期間の長短をめぐって議論がかわされた［田中 1993, 森下 1988］。製作時期と副葬時期に大きな隔たりのある鏡が「長期保有」を経たことは確かであるが、配布主体の手元で長期保有したのか、配布を受けた地域社会で長期保有したのか、大きく見解が分かれたのである。長期保有の場をめぐる見解の相違である。古墳時代を通じて鏡、甲冑、馬具、装飾付大刀など、常に新しい器物が次々と創出され、かつそれぞれが目まぐるしく型式変遷を遂げる状況では、器物の配布が長期に及ぶことを想定するのは困難である。器物の配布は、「もつもの」と「もたないもの」を差別化し、「もつもの」の間に紐帯を形成する。器物の配布は、序列化の機能を内包した紐帯を形成するシステムである。王権中枢は、新しいシステムを創出し続けることによって、常に評価・格付けを行う配布主体の立場に立ち、求心性や優位性を維持したのである。ここに、特定のシステムのみが長期にわたり継続したことを想定するのは困難である。

　同型鏡群の副葬時期も、ON46・TK208型式期の中期後葉を嚆矢として、TK209型式期の後期後葉にまで及ぶ。同じ同型鏡であっても、副葬時期の異なる例がいくつも存在する。TK23・47型式期の埼玉県稲荷山古墳とTK209形式期の群馬県高崎観音塚古墳で、同じ画文帯環状乳神獣鏡が出土

していることはその好例である。画文帯仏獣鏡でも、祇園鏡が中期後葉であるほかは、長野県御猿堂古墳など、いずれも後期古墳からの出土である。先の器物配布システム（威信財システム）の性質を考えれば、配布時期は短期間に終了しており、副葬時期の違いは地域社会の事情を反映したものと理解すべきである。鏡種によって副葬時期の幅は異なるものの、同型鏡の副葬事例がTK23・47型式期に多いことは、こうした想定を裏付ける。

　長期保有をめぐる議論は、無意識のうちに古墳への副葬時期を器物の配布時期と重ねることへの警鐘でもある。王権から配布を受けた器物にとって、古墳は副葬する場に過ぎない。配布された器物の多くは、古墳という葬送の場での使用を主目的とした存在ではない。鏡にせよ、甲冑にせよ、馬具にせよ、「保有する」ことに本質的な意味がある。甲冑や馬具などが、「みせる装い」を演出する器物であることがそのことを端的に示していよう。これらはいずれも、王権の評価を可視化する装置である。地域首長が器物を入手することと、その死に際して古墳に副葬することは、別次元の事象である。「古墳を築造」することは、「器物を副葬」する上での必要条件であるが、「古墳を築造」しても、保有する「器物を副葬」するとは限らないのである［上野2012a］。

　古墳時代中期を通じて古墳の築造が継続する大阪府桜塚古墳群では、保有を継続しながら、古墳築造を契機として前期倭鏡を副葬する様相が指摘されている［森下1998］。古墳時代前期から後期にかけては、鏡の入手から副葬に至るまでの過程にはいくつかのパターンが存在する［辻田2007］。桜塚古墳群や久津川車塚古墳群のように、保有を継続しつつ副葬に供するパターンと、大阪府和泉黄金塚古墳のように、古墳築造を契機に一括して保有から副葬に転ずるパターン、そして北部九州の糸島平野、福岡平野のように地域社会での保有を経ずに副葬されるパターンなどである［上野2012a］。古墳の副葬品は、被葬者たる首長が保有する器物群—長期保有を経たもの、王権から配布を受けたもの、独自の経緯で入手したものによって構成される—を、地域社会の論理というフィルターを通して選択した結果なのである。そこに、千葉県城山1号墳出土の三角縁神獣鏡や、埼玉県将軍山古墳出土の馬冑が存

在する所以がある。器物を配布するのは王権中枢であるが、地域社会における取り扱いを決定するのは地域社会の論理であった。副葬品の組合せを、配布主体である王権中枢の論理のみで評価することは危険である。古墳の築造を第一義としてとらえ、それを前提として器物の入手を評価する傾向が強いが、古墳の築造と器物の入手・副葬は次元の異なる事象であることを強調しておきたい。

長期保有した器物は、例外として排除される存在なのではなく、古墳の築造と器物の配布を相対化する存在なのである。こうした長期保有される事例の多い鏡は、地域社会の論理に影響を受け易い存在であることが改めて認識できよう。

(2) 上総という地域社会での同型鏡

さて、こうした認識をふまえて、祇園鏡を上総の地域社会という視点から評価してみよう。祇園大塚山古墳を築造した祇園・長須賀地域の様相を、古墳の築造動向と鏡の入手・副葬という二つの視点から簡単に整理してみよう。

小櫃川河口付近に形成された旧砂丘地形に由来する微高地には、祇園・長須賀古墳が形成されている。その嚆矢は中期後葉に築造された高柳銚子塚古墳である。高柳銚子塚古墳は、他の諸古墳とは少し距離を置く立地環境の評価によって、同古墳群に含めるべきか否か判断が分かれる。中期後葉には、祇園大塚山古墳が築造されるが、その後は後期中葉（TK43型式期）に至るまで古墳の築造は停止する。後期中葉以後は、祇園大塚山古墳より西方の一帯で、稲荷森古墳から金鈴塚古墳、酒盛塚古墳へと古墳築造が継続する。祇園大塚山古墳の周辺でも、この時期には鶴巻塚古墳が築造されている。この地域では、後期初葉（TK23・47型式期）と後期前葉（MT15・TK10型式期）に古墳を築造していないことが大きな特徴である。

一方、この地域で出土する同型鏡や後期倭鏡は、現状で6面が確認されている（表1）。祇園大塚山古墳と鶴巻塚古墳で出土した画文帯仏獣鏡2面と、鶴巻塚古墳と金鈴塚古墳と塚の越古墳で出土した後期倭鏡4面である。同型鏡と倭鏡を含めて、大型鏡から小型鏡までが揃う構成となっている。これら

の鏡を上総小櫃川周辺の地域社会が入手する機会は、大きく2段階に分けることができよう。一つは中期後葉に同型鏡を入手する機会であり、一つは後期前葉頃に倭鏡を入手する機会である。入手した二面の同型鏡のうち、一面は入手後間をおかずに祇園大塚山古墳に副葬し、一面は長期保有を継続して、後期後葉の鶴巻塚古墳の段階に副葬したのである。一方、後期倭鏡は、この地域で古墳を築造しない時期に入手しており、金鈴塚古墳や鶴巻塚古墳など後期後葉以後の諸古墳に副葬している。倭鏡を入手した時期には、鏡を副葬すべき古墳がない状況にあり、保有の継続はそうした事情に対応したものであった（図7）。古墳の築造は器物の副葬の前提条件であるが、この地域でも古墳の築造と器物の副葬が必ずしも連動していない。古墳の築造と器物の副葬が、別次元の動きであることがうかがえよう。

なお、こうした同型鏡が後期古墳から出土する事例は関東地方を中心に数多くみえる。鶴巻塚古墳の他に、群馬県綿貫観音山古墳や同八幡観音塚古墳などが挙げられる。鶴巻塚古墳出土鏡のような、長期保有を継続する例は他にも存在するのである。それは、同型鏡と配布時期が重なる鋲留式の帯金式甲冑が、後期前葉（MT15・TK10型式期）以前に副葬を終えていることと対照的である［橋本2010］。首長個人に器物を帰属させて「副葬する」ことよりも、集団で「保有する」ことを優先する力が強く働いた結果だといえよう。地域社会にとって、外部から入手した特殊な器物は、入手した首長の権威を象徴するものである。「保有」を継続させる力が強く働く背景には、保有され続ける器物が首長の権威の拠り所となることに由来するのではないだろうか［川西2004，辻田2007］。そこには、鏡は集団で保有する器物としての性格がみえてくるのである［森下2005］。こうした器物も、後期後葉には保有を途絶して一斉に副葬されることになる。保有を継続した器物を不要とする動きにこそ、時代の大きな変革を見出したい。それは、地域社会における大きな画期であり、古墳築造の終焉とも連動した全国的な動きなのである。

この地域では、同型鏡や後期倭鏡の副葬を通じて、もう一つの動きを見出すことができる。祇園大塚山古墳周辺では大型鏡を副葬し、金鈴塚古墳周辺では中型鏡・小型鏡を副葬するように、祇園・長須賀古墳群では、立地環境

祇園大塚山古墳の画文帯仏獣鏡

表1 祇園・長須賀古墳群出土鏡一覧

古墳名	出土鏡	面径（cm）
祇園大塚山	画文帯仏獣鏡（同）	30.4
鶴巻塚	画文帯仏獣鏡（同）	20.83
鶴巻塚	神像鏡（倭）	17.39
金鈴塚	旋回式獣像鏡系（倭）	15.82
金鈴塚	渦文鏡系（倭）	10.8
塚の越	旋回式獣像鏡系（倭）	10.7

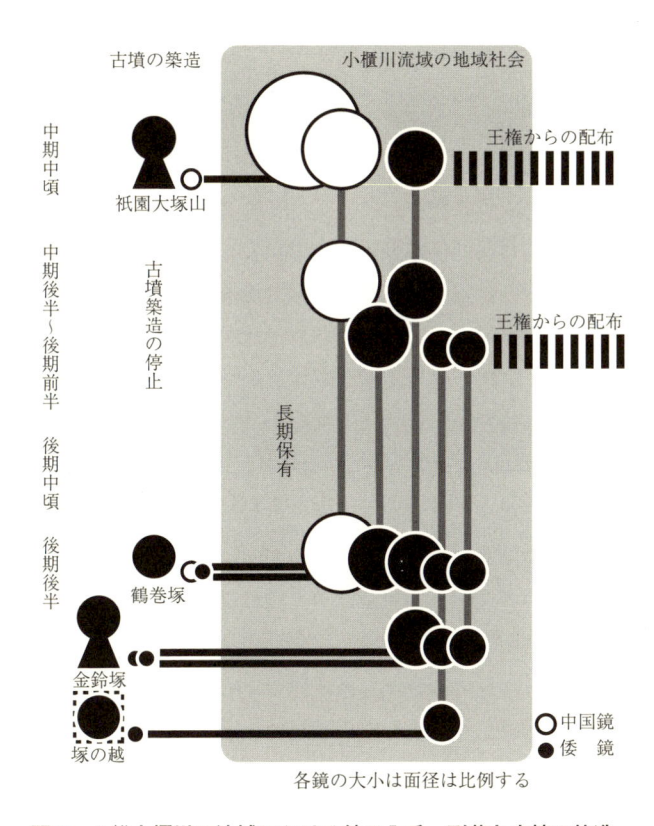

図7 上総小櫃川下流域における鏡の入手・副葬と古墳の築造

129

の違いが副葬する鏡の形態の差としてあらわれている。祇園・長須賀古墳群には、東群と西群とでも呼ぶべき、立地の違いに基づいたまとまりを抽出できのである。広義には、上総小櫃川下流域の地域社会を運営する首長集団に帰属するのであるが、祇園大塚山古墳や鶴巻塚古墳を築造した集団と稲荷森古墳や金鈴塚古墳を築造した集団を、系列の異なる集団として区分して理解しておきたい。それは、複数の首長による地域社会の運営がつとに指摘されており［辻田 2007，下垣 2012，広瀬 2013］、近隣の内裏塚古墳群でも、後期初前半には、複数の首長墓系列により古墳群が形成されているからである［小沢 2008・広瀬 2012］。これらを地域社会の運営に携わる首長集団として認識しておきたい。古墳の築造と鏡の保有・副葬状況を対照すれば、早くに同型鏡という倭王権による高い評価を受け、古墳を先行して築造した首長集団が優位な大型鏡を保有しているのであり、後期後葉以後に新たに古墳築造を展開する首長集団が評価の劣る中型鏡・小型鏡を保有しているのである。では、画文帯仏獣鏡を保有する集団が一括して後期倭鏡の配布を受けたのであろうか。それとも、個別に後期倭鏡の配布を受けたのであろうか。それは、地域社会における再分配を想定するのか、地域社会を運営する諸集団への王権中枢からの個別関与を想定するのかという、王権と地域社会との相互関係をめぐる認識にも大きく影響する。4面の後期倭鏡の配布時期が近接することを前提とした場合、地域社会を運営する大小の諸集団に、王権が直接関与するのか、間接的な関与にとどまるのか。後期前葉は本格的に東方経営へ着手し始めた時期であることを考えれば、既存の地域社会の秩序を利用した間接的な関与を想定しておきたい。

　祇園鏡は、同時期の鏡序列の中では最上位に位置する存在である。祇園大塚山古墳では、画文帯仏獣鏡と金銅装眉庇付冑・小札甲が共伴しているが、まさに王権による最上位の評価が二つの指標で以て示されたことを意味していよう。また、同型鏡でも優品たる画文帯仏獣鏡が2面も存在していることも含めて、中期後葉段階には当該地域は日本列島でも比類なき非常に高い評価を倭王権から得ていたことを意味している。ここを基点に、その後の当該地域の動きを概観してきたのであるが、器物の配布という視点では高い評価

祇園大塚山古墳の画文帯仏獣鏡

を得つつも、古墳を築造しえない状況が後期初葉・前葉にはみえるのであり、そこにこそ古墳築造と器物配布の次元の違いがあらわれているのである。

おわりに

祇園鏡は日本列島出土鏡でも極めて特殊な存在である。また、金銅装甲冑との共伴も、祇園大塚山古墳の評価を高める。その特異性に目が奪われがちであるが、個々の資料の位置づけを整理することによって、多視点から古墳時代中期の様相に迫ることができる。それは、上総地域社会の動きのみを解明するものではない。東アジアという視点では、中国王朝との相互交渉の実態を明らかにし、王権という視点では、外部より入手した器物を用いた配布戦略を明らかにする。そこには、全国的な基準でみた、当該地域に対する王権の認識を見出すことができる。また、地域社会という視点では、王権の評価に対応し、それを相対化する地域社会の動きを描き出すことができる。祇園鏡は、東アジアと倭、あるいは倭を実体化させる王権と地域社会との関係を、映し出してくれるのである。

註

(1) なお、踏返模倣鏡の判別は、同型鏡が存在するものや改変を加えたもののみに限られる。南北朝の出土鏡であっても、漢鏡と違い見出せないものに関しては、伝世した環境であるのか、それを踏み返した鏡であるのかを判別することは難しい。類例がなく単独の存在となる鏡は、踏返模倣鏡の判別が困難である。

(2) 森下章司は、旋回式獣像鏡系や乳脚文鏡系など新しい倭鏡の生産の画期を中期後半とするが、下垣仁志はこれらを含めて後期倭鏡としている。この倭鏡生産の第3の画期は、TK23・47型式期に相当するが、それを古墳時代中期末葉として評価するか、古墳時代後期初葉として理解するのかという、年代観を反映したものともいえよう。ここでは、これらを後期鏡とする見解に従いたい。

(3) 古墳時代中期には、甲冑という武具だけではなく、刀剣や鉄鏃あるいは楯など、武器武具を含めた武装具が配布器物としての一つの様式を構成している［橋本2005・2010］。新たに王権が生み出す器物群には、様式とも呼ぶべき有機的な関連性が存在しているといえよう。この場合には、鏡と馬具という使用場面・目的

において相互に関係を見出しにくいものの、生産において相関関係がみえていることから、それらを有機的な関係のある——一定の戦略を実現する——一連の「配布する器物」として認識することは許されよう。

引用文献

上野祥史 2004「韓半島南部出土鏡について」『国立歴史民俗博物館研究報告』第110集 403-433

上野祥史 2007「3世紀の神獣鏡生産—画文帯神獣鏡と銘文帯神獣鏡—」『中国考古学』第7号 日本中国考古学会 89-216

上野祥史 2012a「帯金式甲冑と鏡の副葬」『国立歴史民俗博物館研究報告』第173集 477-498

上野祥史 2012b「金鈴塚古墳出土鏡と古墳時代後期の東国社会」『金鈴塚古墳研究』創刊号 木更津市郷土博物館金のすず 5-28

内山敏行 1996「古墳時代の轡と杏葉の変遷」『黄金に魅せられた倭人たち』島根県立八雲立つ風土記の丘

小沢 洋 2008『房総古墳文化の研究』六一書房

車崎正彦 2002「六朝鏡」『弥生時代・古墳時代 鏡』考古学資料大観第5巻 小学館 201-204

川西宏幸 1988『古墳時代政治史序説』塙書房

川西宏幸 2004『同型鏡とワカタケル—古墳時代国家論の再構築—』同成社

岸本直文 2011「古墳編年と時期区分」『古墳時代史の枠組み』古墳時代の考古学第1巻 一瀬和夫・福永伸哉・北條芳隆編 同成社 34-44

京都大学文学部考古学研究室編 1989『椿井大塚山古墳と三角縁神獣鏡』

宮内庁書陵部陵墓課編 2005『宮内庁書陵部陵墓課蔵 古鏡集成』学生社

小林行雄 1965『古鏡』学生社

小林行雄 1966「倭の五王の時代」『日本書紀研究』第二冊

坂元義種 1981『倭の五王—空白の五世紀—』教育社

白井克也 2003「馬具と短甲による日韓交差編年—日韓古墳編年の並行関係と暦年代—」『土曜考古』第27号，土曜考古学研究会 85-114

下垣仁志 2011『古墳時代の王権構造』吉川弘文館

下垣仁志 2012「古墳時代首長墓系譜論の系譜」『考古学研究』第59巻第2号 考

古学研究会　56-70

田中晋作　1993「百舌鳥・古市古墳群成立の要件—キャスティング・ボートを握った古墳被葬者たち—」『考古学論叢』関西大学考古学研究室開設四拾周年記念　関西大学文学部考古学研究室　187-213

千賀　久　1988「日本出土初期馬具の系譜」『橿原考古学研究所論集』第九　17-67

千賀　久　1994「日本出土初期馬具の系譜2—五世紀後半の馬装具を中心として—」『橿原考古学研究所論集』第十二　1-33

千賀　久　2004「日本出土の「非新羅系」馬装具の系譜」『国立歴史民俗博物館研究報告』第110集　283-307

辻田淳一郎　2007『鏡と初期ヤマト政権』すいれん舎

辻田淳一郎　2012「九州出土の中国鏡と対外交渉—同型鏡群を中心に—」『沖ノ島祭祀と九州諸勢力の対外交渉』第15回九州前方後円墳研究会　北九州大会発表要旨・資料集　75-88

奈良県立橿原考古学研究所編　2008『ホケノ山古墳の研究』

仁藤敦史　2009「継体天皇—その系譜と歴史的位置—」『日出づる国の誕生』鎌田元一編　清文堂　79-102

橋本達也　2005「古墳時代中期甲冑の出現と中期開始論—松林山古墳と津堂城山古墳から—」『待兼山考古学論集』都出比呂志先生退任記念　大阪大学考古学研究室編　539-556

橋本達也　2010「古墳時代中期甲冑の終焉とその評価—中期と後期を分かつもの—」『待兼山考古学論集Ⅱ』大阪大学考古学研究室20周年記念論集　大阪大学考古学研究室　481-501

広瀬和雄　2012「東京湾岸・「香取海」沿岸の前方後円墳」『国立歴史民俗博物館研究報告』第167集　67-112

広瀬和雄　2013「古墳時代の首長」『国立歴史民俗博物館研究報告』第175集　129-162

樋口隆康　1960「画文帯神獣鏡と古墳文化」『史林』第43巻第5号　史学研究会

樋口隆康　1979『古鏡』新潮社

水野精一　1950「中国における仏像のはじまり」『仏教芸術』第7号（『中国の仏教美術』（平凡社，1968年）に所収）

森下章司　1991「古墳時代仿製鏡の変遷とその特質」『史林』第76巻第6号　史学

研究会　1-43
森下章司　1998「鏡の伝世」『史林』第81巻第4号　史学研究会　1-34
森下章司　2002「古墳時代倭鏡」『弥生時代・古墳時代　鏡』考古学資料大観第5巻
　　小学館　305-316
森下章司　2005「器物の生産・授受・保有形態と王権」『国家形成の比較研究』岡村
　　秀典・前川和也編　学生社　179-194
森下章司　2011「前・中期の実年代」『古墳時代史の枠組み』古墳時代の考古学第1
　　巻　一瀬和夫・福永伸哉・北條芳隆編　同成社　213-221

図表典拠
図1：［宮内庁書陵部編 2005：p. 106］
図2：［京都大学文学部考古学研究室編 1989：p. 39］，京都大学総合博物館蔵
図3：［奈良県立橿原考古学研究所編 2008：pl. 35］
図4：筆者作成
図5：［下垣 2011：図78・81］
図6：［川西 2004］及び［辻田 2012］をもとに筆者作成
図7：筆者作成，原出典［上野 2012b］
表1：筆者作成

編者・執筆者紹介

上野祥史（うえの　よしふみ）
国立歴史民俗博物館考古研究系　准教授
［主要著作論文］
「韓半島南部出土鏡について」『国立歴史民俗博物館研究報告』第110集, 2004年.「3世紀の神獣鏡生産—画文帯神獣鏡と銘文帯神獣鏡—」『中国考古学』第7号, 日本中国考古学会, 2007年.「ホケノ山古墳と画文帯神獣鏡」『ホケノ山古墳の研究』橿原考古学研究所研究成果第10冊, 奈良県立橿原考古学研究所編, 2008年.「古墳出土鏡の生産と流通」『季刊考古学』第106号, 雄山閣出版, 2009年.『マロ塚古墳出土品を中心にした古墳時代中期武器武具の研究』(『国立歴史民俗博物館研究報告』173集)（共編著）, 2012年.

白井久美子（しらい　くみこ）
千葉県教育振興財団　主席研究員
［主要著作論文］
『古墳からみた列島世界東縁世界の形成』千葉大学考古学研究叢書2, 2002年.『古墳時代の実像』（共著）, 吉川弘文館, 2008年.『房総と古代王権』（共著）高古志書院, 2009年.「推古朝期の冠」『比較考古学の新地平』, 同成社, 2010年.「石枕と立花の初段階」『技術と交流の考古学』, 同成社, 2013年.

古谷　毅（ふるや　たけし）
東京国立博物館　学芸研究部列品管理課主任研究員
［主要著作論文］
「京都府久津川車塚古墳出土の甲冑—いわゆる一枚鋲の提起する問題—」『MUSEUM』第445号, 東京国立博物館, 1988年.「古墳時代甲冑研究の方法と課題」『考古学雑誌』第81巻第4号, 日本考古学会, 1996年.「鉄製刀剣の系譜」『季刊 考古学』第76号, 雄山閣出版, 2001年.「帯金式甲冑の製作技術」『国立歴史民俗博物館研究報告』第173集, 2012年.

橋本達也（はしもと　たつや）
鹿児島大学総合研究博物館　准教授
［主要著作論文］
「古墳時代中期における金工技術の変革とその意義―眉庇付冑を中心として―」『考古学雑誌』第80巻第4号，1995年．「有機質製甲冑・盾・靫・胡籙・弓」『弥生時代・古墳時代　鉄・金銅製品』考古学資料大観第7巻，小学館，2003年．「古墳時代中期甲冑の終焉とその評価―中期と後期を分かつもの―」『待兼山論集Ⅱ』大阪大学文学部考古学研究室編，2010年．「東アジアにおける眉庇付冑の系譜」『国立歴史民俗博物館研究報告』第173集，2012年．

高田貫太（たかだ　かんた）
国立歴史民俗博物館考古研究系　准教授
［主要著作論文］
「垂飾付耳飾をめぐる地域間交渉―九州地域を中心に―」『熊本古墳研究』創刊号，熊本古墳研究会，2003年．「5，6世紀洛東江以東地域と日本列島の交渉に関する予察」『韓国考古学報』50，韓国考古学会，2003年．「5，6世紀の日朝交渉と地域社会」『考古学研究』53-2，考古学研究会，2006年．「古墳時代装身具研究の意義」『季刊考古学』第106号，雄山閣出版，2009年．「考古学による日朝関係史研究の現状と課題」『考古学研究』第59巻第2号，2013年．

歴博フォーラム
祇園大塚山古墳と 5 世紀という時代

2013 年 3 月 30 日　初版発行

編　　　者	上野　祥史・国立歴史民俗博物館
発 行 者	八木　環一
発 行 所	株式会社 六一書房

〒101-0051　東京都千代田区神田神保町 2-2-22
電話 03-5213-6161　FAX 03-5213-6160　振替 00160-7-35346
http://www.book61.co.jp　Email info@book61.co.jp

印刷・製本　株式会社 三陽社

ISBN 978-4-86445-031-7 C3021　©上野祥史 国立歴史民俗博物館 2013　Printed in Japan